Geschichte und Geschehen
Arbeitsheft 1

Von den Anfängen bis zur Spätantike

Herausgeberin: Dr. Erika Richter
Autorinnen und Autoren: Friedhelm Büchse, Andreas Dambor, Willi-Günther Haßdenteufel, Dr. Klaus Helbig, Dr. Eberhard Kulf, Dr. Erika Richter, Jörg Schelle, Maria Würfel

Inhalt

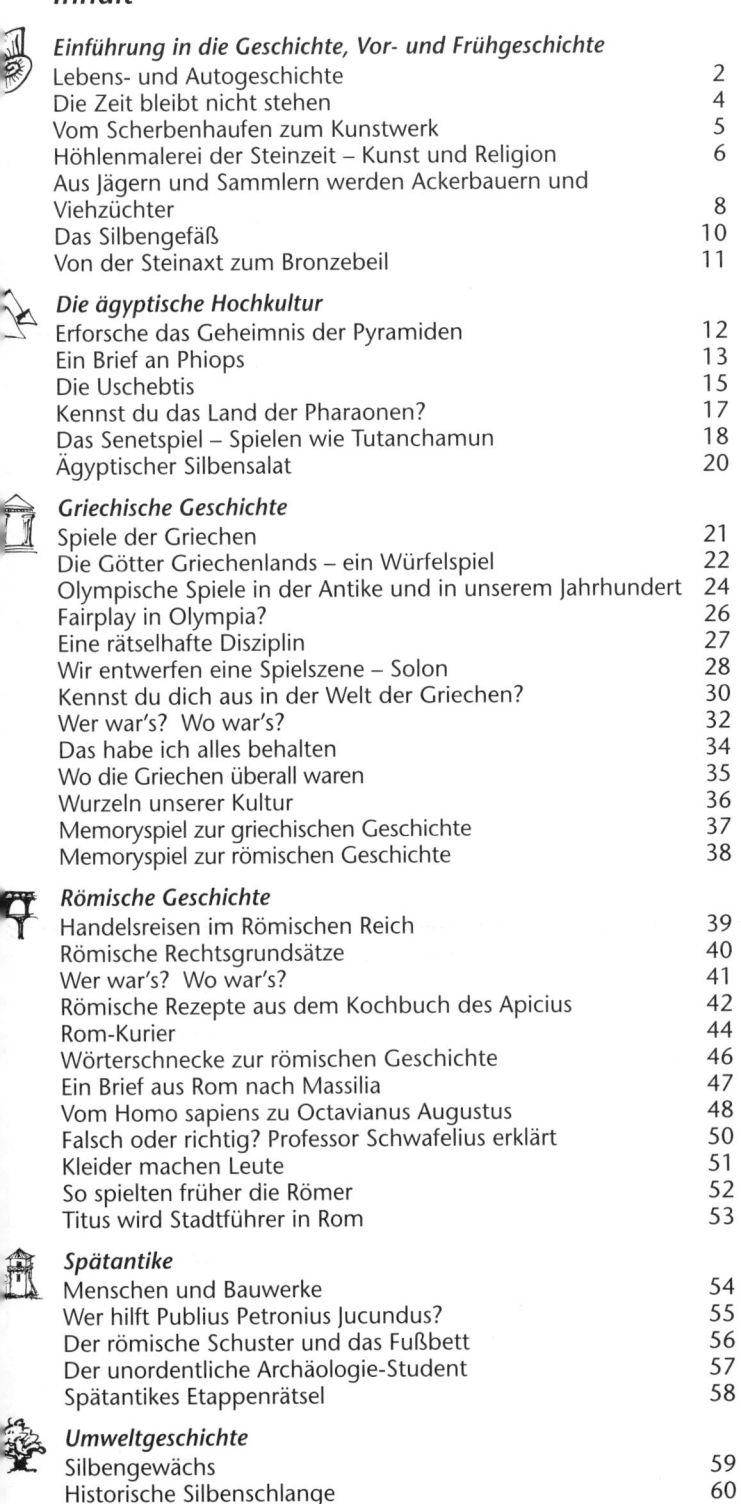

Einführung in die Geschichte, Vor- und Frühgeschichte
Lebens- und Autogeschichte	2
Die Zeit bleibt nicht stehen	4
Vom Scherbenhaufen zum Kunstwerk	5
Höhlenmalerei der Steinzeit – Kunst und Religion	6
Aus Jägern und Sammlern werden Ackerbauern und Viehzüchter	8
Das Silbengefäß	10
Von der Steinaxt zum Bronzebeil	11

Die ägyptische Hochkultur
Erforsche das Geheimnis der Pyramiden	12
Ein Brief an Phiops	13
Die Uschebtis	15
Kennst du das Land der Pharaonen?	17
Das Senetspiel – Spielen wie Tutanchamun	18
Ägyptischer Silbensalat	20

Griechische Geschichte
Spiele der Griechen	21
Die Götter Griechenlands – ein Würfelspiel	22
Olympische Spiele in der Antike und in unserem Jahrhundert	24
Fairplay in Olympia?	26
Eine rätselhafte Disziplin	27
Wir entwerfen eine Spielszene – Solon	28
Kennst du dich aus in der Welt der Griechen?	30
Wer war's? Wo war's?	32
Das habe ich alles behalten	34
Wo die Griechen überall waren	35
Wurzeln unserer Kultur	36
Memoryspiel zur griechischen Geschichte	37
Memoryspiel zur römischen Geschichte	38

Römische Geschichte
Handelsreisen im Römischen Reich	39
Römische Rechtsgrundsätze	40
Wer war's? Wo war's?	41
Römische Rezepte aus dem Kochbuch des Apicius	42
Rom-Kurier	44
Wörterschnecke zur römischen Geschichte	46
Ein Brief aus Rom nach Massilia	47
Vom Homo sapiens zu Octavianus Augustus	48
Falsch oder richtig? Professor Schwafelius erklärt	50
Kleider machen Leute	51
So spielten früher die Römer	52
Titus wird Stadtführer in Rom	53

Spätantike
Menschen und Bauwerke	54
Wer hilft Publius Petronius Jucundus?	55
Der römische Schuster und das Fußbett	56
Der unordentliche Archäologie-Student	57
Spätantikes Etappenrätsel	58

Umweltgeschichte
Silbengewächs	59
Historische Silbenschlange	60
Bevölkerungsexplosion	61
Wie läuft die Zeit?	63
Impressum, Bildnachweis	64

Lebens- und Autogeschichte

1899

1959

1902

1960

1914

1965

1928

1975

1936

1982

1948

1988

1951

Auf der nächsten Seite ist ein Familienstammbaum aufgezeichnet. Dort kannst du in die kleinen Kästchen die Geburtstage deiner Eltern, Großeltern und vielleicht auch deiner Urgroßeltern eintragen.

Wenn du dir nun die Geburtsdaten deiner Familie bis zu den Urgroßeltern ansiehst, merkst du, dass sie bis an den Anfang unseres Jahrhunderts zurückreichen.

Unser Jahrhundert ist aber auch das des Autos. Die ersten Automobile wurden zwar schon vor 1900 entwickelt, die große Verbreitung des Autos setzte aber erst im 20. Jahrhundert ein. – Schau dir die Autotypen aus verschiedenen Jahren und Ländern an, schneide sie aus und klebe in die graue Fläche unter die Geburtszahlen deiner Familienangehörigen und Vorfahren die Autos aus dem entsprechenden Jahrzehnt.

Für dich gelten also Autos aus den 80er Jahren.

Male in dieses Kästchen, wie wohl einmal dein Fahrzeug aussehen wird. Du kannst auch eine Collage erstellen.

© Ernst Klett Verlag Stuttgart 1996. Vervielfältigung durch Fotokopie u. a. nur bei vorheriger Zustimmung des Verlages gestattet.

Lebens- und Autogeschichte

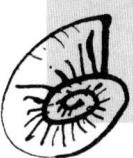

Familienstammbaum

Meine Urgroßeltern

Meine Großeltern

Meine Eltern

Ich

Die Zeit bleibt nicht stehen

Stell dir vor, man würde das Alter der Erde mit dem Ablauf von zwölf Stunden verdeutlichen. Um 0.00 Uhr fängt die Erde an sich zu formen – und um 12.00 Uhr ist der Moment, in dem du dies liest. Mit Hilfe des Buches kannst du die Lücken im Text vervollständigen. Trage alle fehlenden Angaben ein und übertrage die Abschnitte der Erdentstehung nun auf die Uhr. Benutze verschiedene Farben für die einzelnen Abschnitte.

0 – 2 Uhr   Die Erde ist ein _____ Gasball.
                   (vor ca. 4,5 Mrd. Jahren)

____ Uhr   Die Erdkruste _____ langsam ab.
                   (vor ca. 4 Mrd. Jahren)

____ Uhr   Es entsteht Wasser und darin
                   erstes _____.
                   (vor ca. 3,5 Mrd. Jahren)

10.30 – 11.50 Uhr Die ersten Dinosaurier entstehen
                   und leben für etwa _____ Mio.
                   Jahre auf der Erde.

11.59 Uhr   Vor etwa _____ Mio. Jahren
                   entstehen unsere ersten Vorfahren.

Wie alt sind die Menschen?

Ergänze den Zeitpfeil unten mit weiteren wichtigen Daten zur Entstehung der Menschen. Sieh dir die Bilder der Menschentypen im Buch genau an und vervollständige dann die fehlenden Teile der Kopfformen. Ordne jedem Bild die passende Bezeichnung für den dargestellten Menschentyp zu.

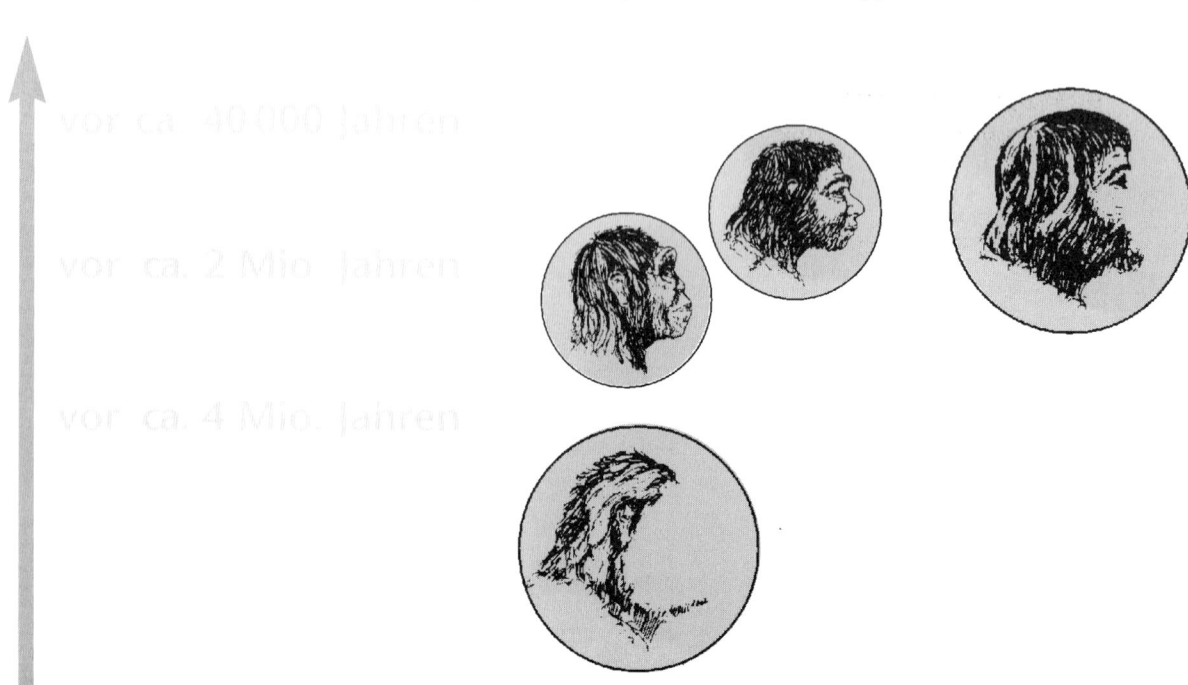

vor ca. 40.000 Jahren

vor ca. 2 Mio. Jahren

vor ca. 4 Mio. Jahren

vor ca. 8 Mio. Jahren

Vom Scherbenhaufen zum Kunstwerk

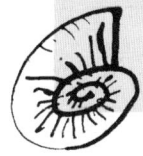

Die Arbeit der Archäologen scheint immer besonders aufregend und interessant zu sein. Leider finden sie aber nur sehr, sehr selten komplett erhaltene Funde. So ist es auch hier.

Die „Tonscherben" sind gefunden und registriert. Aber sie geben uns noch viele Fragen auf.
Was für ein Gegenstand war das früher?
Wozu benutzten ihn die Menschen?
Wie alt ist er?
Wo wurde er hergestellt?

All diese Fragen lassen sich aus den Bruchstücken nur schwer beantworten. Um dir zu helfen, das Rätsel dieses Fundes zu entschlüsseln, findest du hier eine Arbeitsanleitung. Wenn du die Schritte befolgst, kannst du einige Antworten zu den Fragen selbst finden.

Schneide das Blatt an der gestrichelten Linie ab und dann die einzelnen Scherben aus. Jetzt kannst du hinter den übrig gebliebenen Teil der Seite ein A4-Blatt kleben und darauf das Fundstück zusammensetzen.

Nun hast du den ersten Teil der Arbeit schon geschafft. Du kannst jetzt auch die Zeit und den Ort, aus denen die Funde stammen, bestimmen. Dazu solltest du dein Geschichtsbuch zur Hilfe nehmen, denn das Fundstück ist darin im Großabschnitt „Die Welt der Griechen" abgebildet. Ergänze mit den so gefundenen Informationen die folgende Übersicht.

Art des Fundstückes

Fundort/Land

Was ist darauf dargestellt?

Alter

Höhlenmalerei der Steinzeit – Kunst und Religion

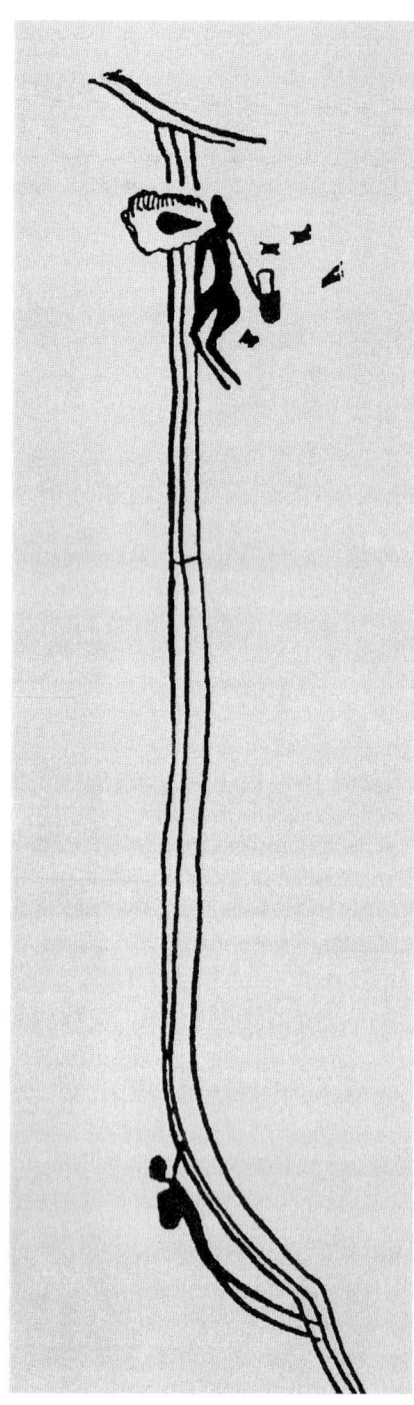

Hier siehst du eine Felsmalerei aus der Valtorta-Schlucht in Spanien, sie ist um 6000 v. Chr. entstanden.

Entwirf zu dem Bild einen kleinen Text:
Eine Frau berichtet bei der Rückkehr den Mitgliedern ihrer Horde, was sie beim Honigsammeln alles erlebt hat.

Höhlenmalerei der Steinzeit – Kunst und Religion

In Höhlen und Grotten Nordafrikas, Spaniens und Frankreichs hat man Felszeichnungen gefunden, die über 30 000 Jahre alt sind. Sie zeigen uns den großen Tierreichtum dieser Zeit: Mammuts, Riesenhirsche, Wisente, Bären, Rentiere, Wildpferde, Urrinder, Steinböcke und Ziegen.
Die Menschen stellten ihre Farben aus zerriebener Holzkohle oder zermahlenen Kalk- und Eisensteinen sowie Wasser her. Sie malten mit den Fingern, mit Haarbüscheln oder Federn. Besonderen Wert legten sie auf die Umrisse der Tiere, die meist mit starken schwarzen Strichen markiert wurden.
Über die Bedeutung der Bilder sind sich die Wissenschaftler heute noch nicht einig. Sicherlich kam darin eine Art religiöser Verehrung der Tiere, die ja die Lebensgrundlage der Menschen bildeten, zum Ausdruck. Gleichzeitig dürfte die Malerei auch als eine Art Jagdzauber verstanden worden sein, der das Erlegen des Wildes begünstigen sollte.

Dieses Fabel- oder Mischwesen stellt einen Zauberer dar. Welche Körperteile sind einem Tier, welche dem Menschen zuzuordnen?
Erkläre, welche Aufgabe der Zauberer übernehmen sollte.

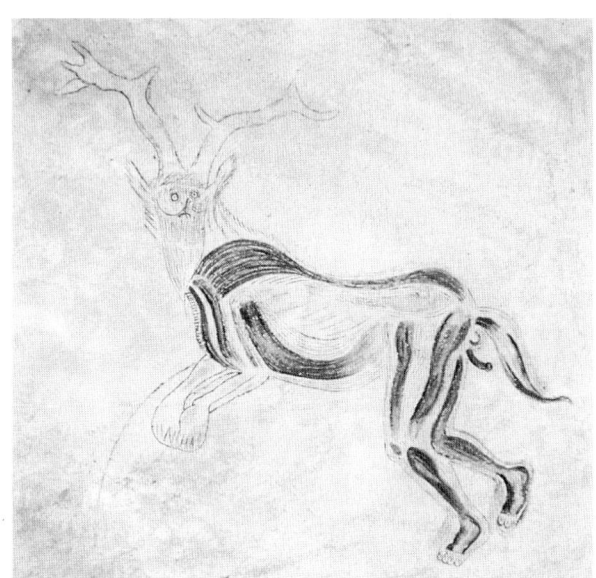

_____
_____
_____
_____
_____

Der Platz unten ist für deine Höhlenmalerei bestimmt. Verwende für deine Zeichnung Pinsel und Wasserfarben oder Kreide. Du kannst aber auch ein Mammut oder Rentier nach der Vorlage aus deinem Geschichtsbuch abzeichnen. Andere interessante Vorlagen liefert dir dieses Arbeitsheft auf der linken Seite.

Aus Jägern und Sammlern werde

Die Karte zeigt dir die Herkunftsgebiete wichtiger Nutzpflanzen und -tiere. Ergänze damit die passenden Tabellen. Allerdings fehlen in der Karte noch einige Haustiere. Du kannst ihren Namen und ihr Herkunftsgebiet ergänzen. Vielleicht findest du die dazu notwendigen Informationen im Lexikon. Du kannst natürlich auch deinen Erdkunde- oder Biologielehrer um Hilfe bitten.

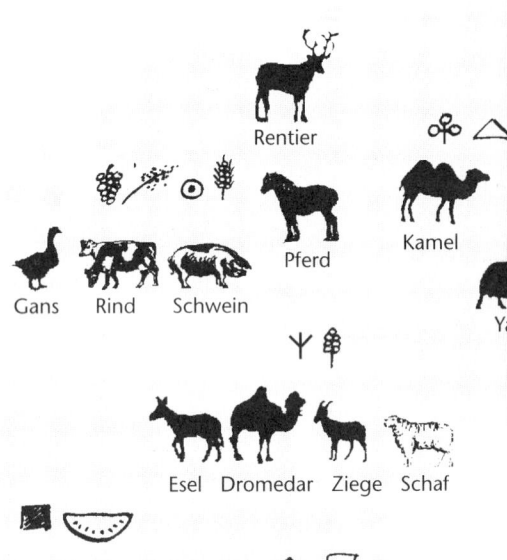

- Sonnenblume
- Papagobohne
- Avocado
- Kakao
- Mais
- Kichererbsen
- Süßkartoffel
- Tomate
- Melone
- Reis
- Weintrauben
- Weizen
- Hafer
- Buchweizen
- Oliven
- Luzerne (Futterklee)
- Sorghum
- Hanf
- Hirse
- Bananen
- Gurke
- Yams
- Sojabohnen
- Pfeffer
- Roggen
- Baumwolle
- Gerste

Tierart	Herkunftsgebiete

ckerbauern und Viehzüchter

Unten siehst du einige Getreidearten, die heute für die Ernährung der Menschen sehr wichtig sind. Wenn du alle abgebildeten Getreidearten herausgefunden hast, kannst du ihre Namen unter den Bildern ergänzen. Fülle anschließend mithilfe der Karte die Tabelle aus. Achte besonders auf die Arten, die damals nicht in Europa vorkamen.

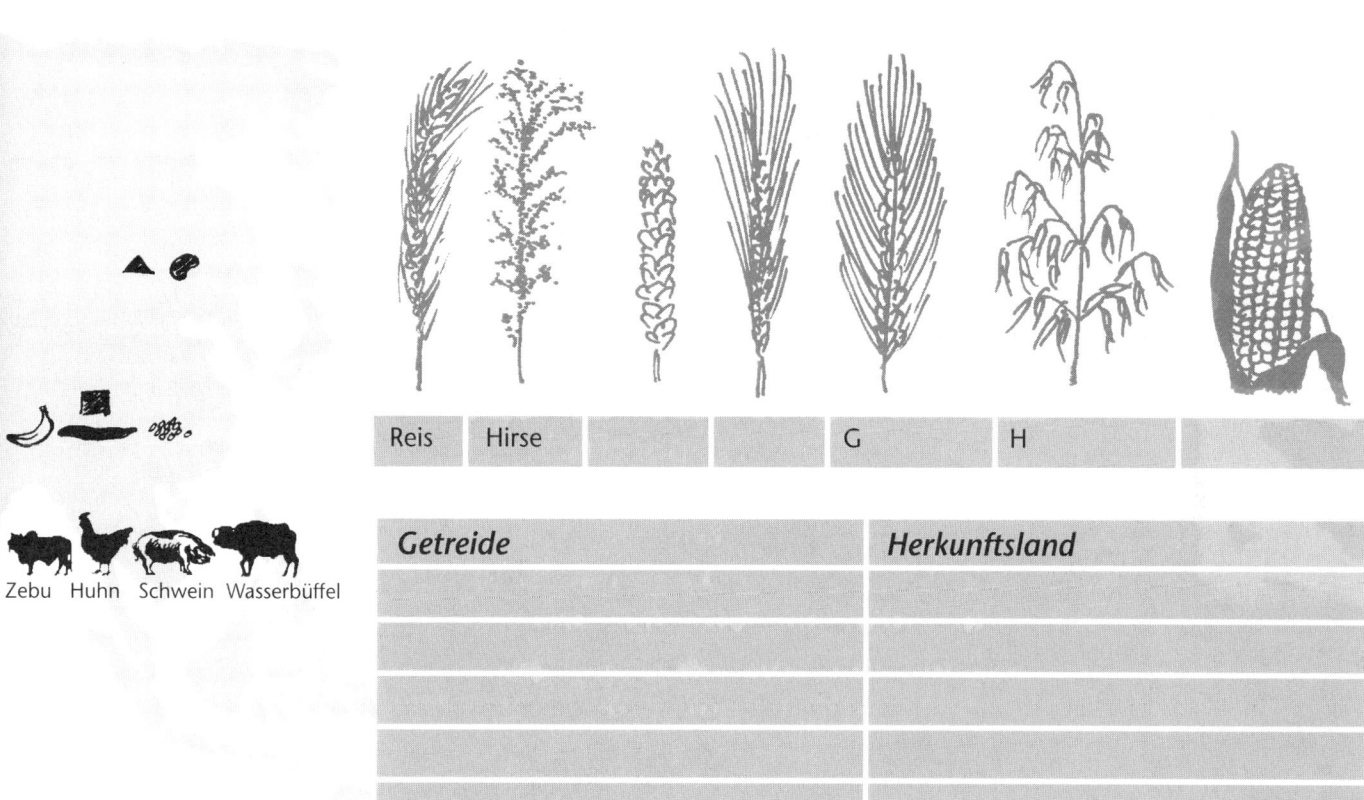

| Reis | Hirse | | | G | H | |

Getreide	Herkunftsland

In der Jungsteinzeit haben nicht nur in Europa Menschen gelebt. Zur gleichen Zeit gab es in anderen Teilen der Welt Pflanzen und Tiere, die die Menschen in unseren Gebieten noch nicht kannten. Ermittle mithilfe der Karte jeweils fünf solcher Pflanzen und Tiere. Vervollständige die Übersicht mit ihren Namen und Herkunftsgebieten.

Tier	Herkunftsland	Pflanze	Herkunftsland

Das Silbengefäß

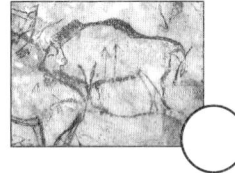

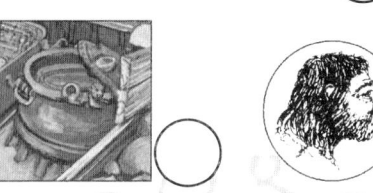
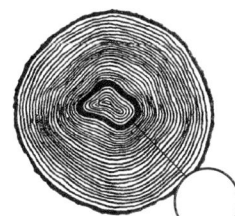

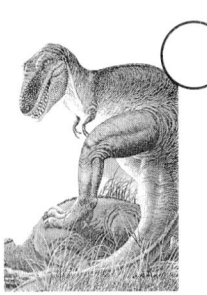
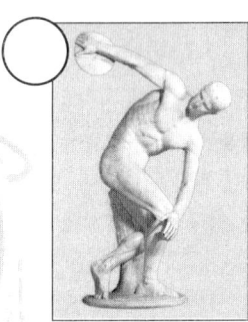

tion – bron – an – chro – chäo –
skan – thi – ta – re – kes – dil – epo –
höh – sche – rei – bil – chen –
den – gie – kno – zings – kli – ne –
che – ben – ze – kro – le – sel –
har – ler – ar – li – ko – gen – en –
di – dro – lo – vo – na – len –
vi – lu – ma – no – der – lo – pu –
neo – le – ne – ne

In diesem Gefäß aus der Jungsteinzeit findest du ungeordnet die Silben, die du zur Beantwortung der Fragen unten brauchst. Die beigefügten Bilder geben dir ein paar Hinweise, die dir beim Suchen helfen sollen. Trage in die Kreise bei den Bildern die Nummer der zugehörigen Rätselfrage ein. Aber Achtung: Es sind auch einige Bilder dabei, die zum Thema „Frühe Geschichte" gar nicht passen, zu denen es also auch keine Frage gibt!
Markiere die Kreise bei den überflüssigen Bildern mit einem kräftigen F für „Falsch!". Für vier Fragen gibt es keine Bilder. Zwei dieser Fragen betreffen die Geographie, trage die beiden Begriffe hier auf der Linie dazu ein:

___

Zwei Fragen ohne Bilder betreffen die Zeiteinteilung in der Geschichte. Die Antworten dazu lauten:

___

Diese letztgenannten Begriffe solltest du dir besonders gut merken, denn sie begegnen dir im Geschichtsunterricht noch oft.

Begriffe:
1 Sie forschen nach den Überresten der Vergangenheit _ _ _ _ _ _ _ _ _ _ _
2 Eine Wissenschaft, die aus den Baumstammscheiben den Zeitablauf berechnet _ _ _ _ _ _ _ _ _ _ _ _ _ _ _
3 Es lebte vor Jahrmillionen im Rhein _ _ _ _ _ _ _ _
4 An diesem Ort entdeckten Forscher, was der Mensch schon vor 350 000 Jahren herstellen konnte _ _ _ _ _ _ _ _ _ _ _ _ _
5 Von hier wälzten sich gewaltige Felsmassen südwärts _ _ _ _ _ _ _ _ _ _ _
6 Mit diesem Begriff bezeichnen wir einen Einzelabschnitt der Geschichte _ _ _ _ _ _
7 Diese Gattung von Menschen starb vor 40 000 Jahren aus _ _ _ _ _ _ _ _ _ _ _
8 Damit jagten die Altsteinzeitmenschen in den Gewässern _ _ _ _ _ _ _ _ _ _ _ _ _
9 Sie beweist uns, daß die Menschen auch schon vor Jahrtausenden Künstler waren _ _ _ _ _ _ _ _ _ _ _ _ _
10 So nennen wir die entscheidende Umwälzung in der Frühgeschichte (zwei Wörter) _ _ _ _ _ _ _ _ _ _ _ _ _ _ _
11 Darauf machten es sich die Fürsten eines von den Römern gefürchteten Volkes bequem _ _ _ _ _ _
12 Behälter aus einem Material, das einem ganzen Zeitabschnitt den Namen gegeben hat _ _ _ _ _ _

Von der Steinaxt zum Bronzebeil

Nenne die Namen der vier Gegenstände, gib ihre Entstehungszeit an und erkläre ihren Verwendungszweck

Bezeichnung: _____   _____   _____   _____
Zeit: _____   _____   _____   _____
Verwendung: _____   _____   _____   _____

Wenn du die folgenden 10 Fragen mit einem Wort oder zwei Wörtern beantworten kannst, bist du ein guter Kenner der Frühzeit der Menschen: Auf jeden Strich gehört ein Buchstabe (auch für Umlaute nur ein Strich).

1. Wie nennen wir heute den Zeitabschnitt von 1,5 Mio Jahre vor unserer Zeit bis etwa 10 000 vor unserer Zeit?

   A _ _ _ _ _ _ _ _ _ _ _

2. Welche Tätigkeiten mussten die Menschen in dieser Zeit ausüben um ihr Leben zu erhalten?

   J _ _ _ _   und   _ _ _ _ _ _ _

3. In welcher Gemeinschaftsform lebten die Menschen dieser Zeit?

   H _ _ _ _

4. Wie nennen wir die Zeit, die vor 7700 Jahren begann?

   J _ _ _ _ _ _ _ _ _ _ _ _

5. Was war die Voraussetzung, dass die Menschen sesshaft werden konnten?

   A _ _ _ _ _ _ _   und   _ _ _ _ _ _ _ _ _

6. Welche Tiere wurden von den Menschen zuerst gezähmt?

   Z _ _ _ _ _   und Sch _ _ _

7. Womit bearbeiteten die Menschen den Boden um Getreide säen zu können?

   – vor 7500 Jahren: H _ _ _ _ _ _ _ _   S _ _ _ _ _

   – vor 5000 Jahren: H _ _ _ _ _ _ _ _

8. Welche Berufsgruppe entstand durch die erste Arbeitsteilung bei den sesshaft gewordenen Menschen?

   H _ _ _ _ _ _ _ _ _

9. Wie nennt man das Handwerk, bei dem aus Lehm und Ton Gefäße hergestellt werden?

   T _ _ _ _ _ _ _

10. Wo wohnten die Menschen seit der Jungsteinzeit?

    In H _ _ _ _ _ _   und   D _ _ _ _ _ _

Erforsche das Geheimnis der Pyramiden!

Das Schema zeigt dir einen Längsschnitt durch die Cheopspyramide.
Nummeriere die einzelnen Teile der Pyramide.

1 Luftschacht
2 Große Galerie
3 Unterirdische Grabkammer
4 Fluchtgang
5 Aufsteigender Korridor
6 „Königinnen-Kammer"
7 Sargkammer
8 Absteigender Korridor

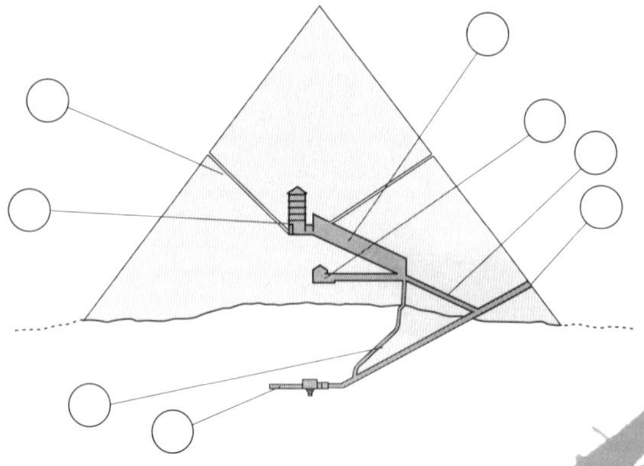

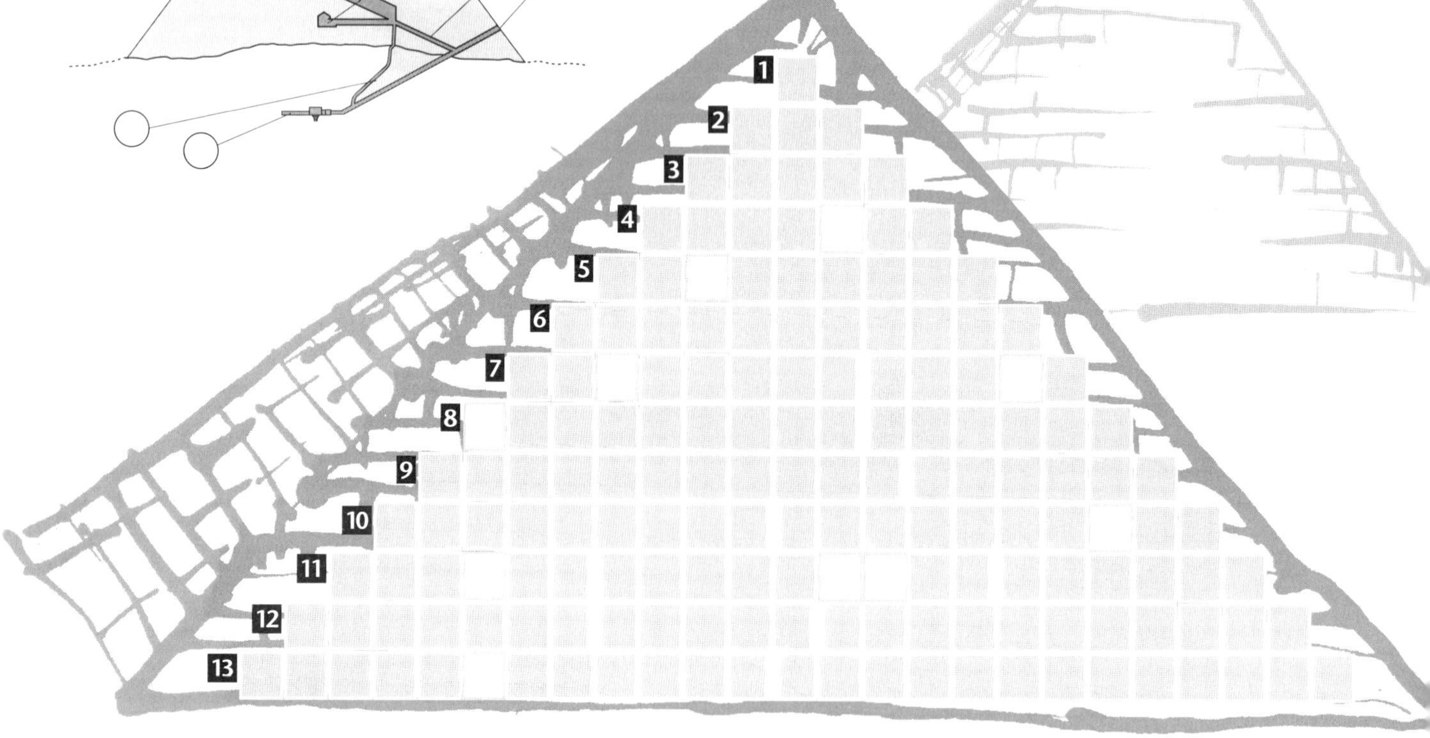

1 Anfangsbuchstabe der geometrischen Figur, die den Grundriss der Pyramide bildet
2 Längster Fluss Ägyptens
3 Ägyptischer Dichter (um 1300 v. Chr.); er hat die Bedeutung des Nils gepriesen
4 Rohstoff zur Herstellung von „Papier"
5 Bezeichnung für den obersten Herrscher Ägyptens (Plural)
6 Name eines berühmten Pharaos
7 Grabmal ägyptischer Herrscher – Ort in Ägypten, an dem mehrere dieser Grabmale stehen
8 Dienstfiguren, die mit in die Gräber Verstorbener gegeben wurden – Name der größten Pyramide in Ägypten
9 Name einer Pharaonin – Totengott der Ägypter
10 Berühmte ägyptische Herrscherin, Geliebte Caesars – Stadt am Nildelta
11 Stadt in Ägypten, spätere Hauptstadt – Glück bringendes Insekt – rätselhafte ägyptische Figur
12 Älteste Hauptstadt Ägyptens – heutige Hauptstadt Ägyptens – Nachname des Mannes, der die Schriftzeichen der Ägypter entzifferte
13 Name dieser Schriftzeichen – Name eines Dorfes im alten Ägypten

Wenn es dir gelungen ist, alle Bausteine der Pyramide mit den richtigen Buchstaben zu versehen, dann kannst du aus den Buchstaben der markierten Kästchen das Lösungswort zusammenstellen (für Umlaute nur ein Kästchen). Es bezeichnet Menschen, die die Arbeit der Archäologen oft behindert oder zerstört haben.

Ein Brief an Phiops

Erinnert ihr euch noch an Phiops, den Sohn des Schreibers Duo-Cheti? Wir haben gelesen, dass er in der Schule schreiben lernte. Die Ägypter gehörten zu den ersten Völkern, die eine Schrift entwickelten. Diese Schrift bestand aus verschiedenen Zeichen. Da gab es die einfachen Bildzeichen, die sichtbare Dinge wie Sonne, Wasser oder Küken darstellten.

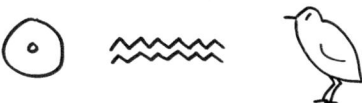

Um nichtsichtbare Dinge zu beschreiben – z. B. Farben und Tätigkeiten – wurden Zeichen ausgewählt, die für diese Dinge standen. Ein Kuhohr für Hören, ein Schreibgerät für Schreiben und ein Flamingo für Rot.

Um noch mehr Möglichkeiten zu haben wurden viele Zeichen einfach für die Laute eingesetzt, die sie darstellten. Das Wort Urlaub ließe sich bildlich durch die Abbildung einer Uhr und eines Laubblattes darstellen. Die ägyptischen Hieroglyphen waren natürlich noch viel schwieriger, doch diese Grundlagen sollen uns erst einmal reichen.

Ein Brief an Phiops

Stellt euch vor, ihr könntet Post nicht nur in andere Städte und Länder, sondern auch in eine andere Zeit schicken. Dann könntet ihr Phiops einen Brief schreiben und erzählen, wie ihr heute lebt. Das Gute an einer Zeichenschrift ist ja, dass sie in allen Sprachen verständlich ist. Dafür müsst ihr natürlich viele Zeichen neu erfinden, denn ihr lebt ja in einer ganz anderen Umgebung als der ägyptische Junge 1880 v. Chr.

Sucht gemeinsam eine Nachricht aus eurem Leben, z. B. eure Lieblingsbeschäftigungen oder etwas über eure Klasse und überlegt, welche Zeichen ihr dafür braucht. Einigt euch auf eine einzige Bedeutung für ein Zeichen. Schreibe die „ägyptisch" umgeformte Nachricht hier in dein Heft.

Hier sind noch ein paar Vorschläge für neue Hieroglyphen. Es ist gar nicht so einfach, weil man die Sachen nicht einfach abbilden kann – die Ägypter müssen sich ja etwas vorstellen können bei den Bildern ...

man riecht's, man hört's, es hat vier Räder und ist schnell auch ohne Pferd – ein Auto

Hochhaus (Haus auf Haus auf Haus ...)

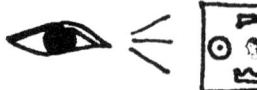

fernsehen – in eine Kiste gucken, in der alles zwischen Sonne und Wasser, Himmel und Erde möglich ist

Die Uschebtis

Die Uschebtis sind die Dienerfiguren, die den Toten von ihren Angehörigen mit ins Grab gegeben wurden. Auf ihnen stand geschrieben, welche Arbeiten sie für den Verstorbenen verrichten sollten. Der Glaube der Ägypter ist uns fremd, wir kennen für unser Leben und die Begräbniszeremonien keine Uschebtis mehr. Dennoch könnten sie nützlich eingesetzt werden. Sie könnten z. B. in eurer Klasse und zu Hause darauf aufmerksam machen, was im Zusammenleben gut klappt. Oder: was noch zu tun ist und was es zu verändern oder zu verbessern gilt.
Eure Ideen und Vorschläge könnt ihr in die freien Flächen dieser Uschebtisfiguren eintragen, vielleicht findet ihr sogar eigene Hieroglyphen dafür. Dann könnt ihr eine Uschebtisversammlung einberufen und alle Figuren auf eine Pappe oder ein Brett stellen, damit sie euch immer an eure Vorschläge erinnern.

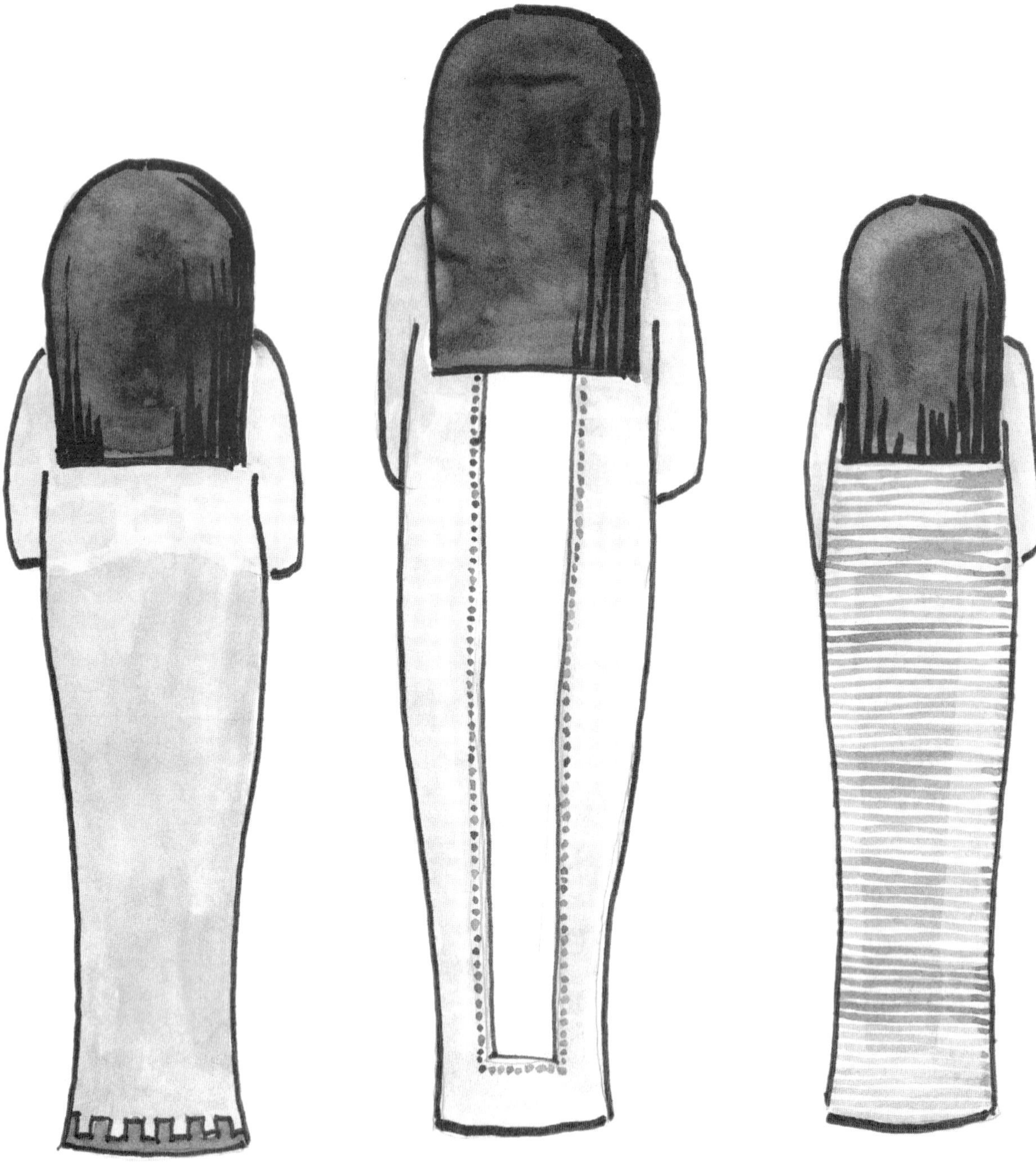

Die Uschebtis

eine Uschebtisversammlung ...

Kennst du das Land der Pharaonen?

Du sollst entscheiden, welche der acht Bilder zum „Land der Pharaonen" gehören und welche nicht. Kreuze JA oder NEIN an. Kreise den entsprechenden Buchstaben ein und notiere ihn unten beim Lösungswort. Einige der Bilder sind dir sicher bekannt. Schreibe dazu, was sie darstellen. Das Lösungswort ergibt den Namen eines Pharaos, dessen Grabmal im Buch abgebildet ist.

JA: C   NEIN: A

JA: B   NEIN: H

JA: E   NEIN: D

JA: P   NEIN: B

JA: G   NEIN: H

JA: F   NEIN: R

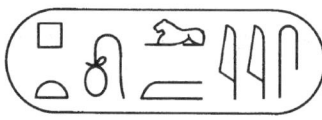

JA: E   NEIN: U

Lösungswort:

JA: N   NEIN: Z

Das Senetspiel

Bastelanleitung:

Auf geht's, was ihr zum Basteln braucht, bekommt ihr in einem Bastelladen:
- 1 Stück Sperrholz oder festen Karton, ca. 12 x 40 cm groß;
- 1 Halbrundstab aus Holz, ca. 50 cm lang;
- 1 runder oder eckiger Stab aus Holz;
- etwas weiße und schwarze Farbe;
- 1 Säge
- etwas Schmirgelpapier zum Glätten.

Malt zuerst 30 gleich große, quadratische Spielfelder auf die Holzplatte oder den Karton – die Zeichnung unten zeigt euch wie. Dann nummeriert die Felder von 1 bis 25; die restlichen Felder müssen keine Nummern bekommen, die könnt ihr auch mit Hieroglyphen beschriften. Euer Geschichtsbuch gibt euch genügend Tips dafür.
Für die Wurfstäbe nehmt ihr den Halbrundstab. Malt die runde Seite schwarz und die glatte Seite weiß an. Wenn die Farbe trocken ist, sägt vier gleiche Stücke von je ca. 10 cm Länge ab. Schneidet für die Spielsteine von der runden oder eckigen Leiste zehn Stücke von je ca. 4 cm Länge ab. Nun müsst ihr die Steine noch bemalen, fünf weiß, fünf schwarz.

Auch im alten Ägypten spielten Kinder und Erwachsene genauso gern wie wir heute. Habt ihr Lust, ein ägyptisches Spiel zu spielen, das Phiops sicher auch gekannt hat? Wenn ihr „Mensch-ärgere-dich-nicht" und „Dame" kennt, lernt ihr das „Senetspiel" schnell.
In zahlreichen Grabstätten wurden Abbildungen oder sogar gut erhaltene Exemplare des Senetspiels gefunden. Auf dem Bild seht ihr eines von vier Spielen, die man allein im Grab des Tutanchamun (um 1320 v. Chr.) gefunden hat. Es ist aus Ebenholz angefertigt, mit eingelegtem Elfenbein. Senet scheint im alten Ägypten in allen Bevölkerungsschichten, vom Pharao bis zum einfachen Handwerker, sehr beliebt gewesen zu sein.
Ihr könnt das Senetspiel sogar selber basteln; die Bastelanleitung zeigt euch, wie es gemacht wird. Wem das allerdings zu viel Arbeit ist, der kann statt der Stäbe einen Würfel und statt der runden Steine Figuren aus dem „Mensch-ärgere-dich-nicht" nehmen. Aber seid mal ehrlich, ist es nicht viel echter, wenn ihr wie ein ägyptischer Tischler am Hofe des Tutanchamun alles selber herstellt?
Wie die Ägypter Senet spielten, ist nicht genau bekannt. Jedoch haben Forscher versucht, die Regeln nachzuvollziehen. Die Spielregeln könnt ihr zusammen mit eurer Lehrerin oder eurem Lehrer einüben.

So werden die Würfelergebnisse gezählt:

○ ● ● ● = 1 (eine weiße Seite oben =1)
○ ○ ● ● = 2
○ ○ ○ ● = 3
○ ○ ○ ○ = 4

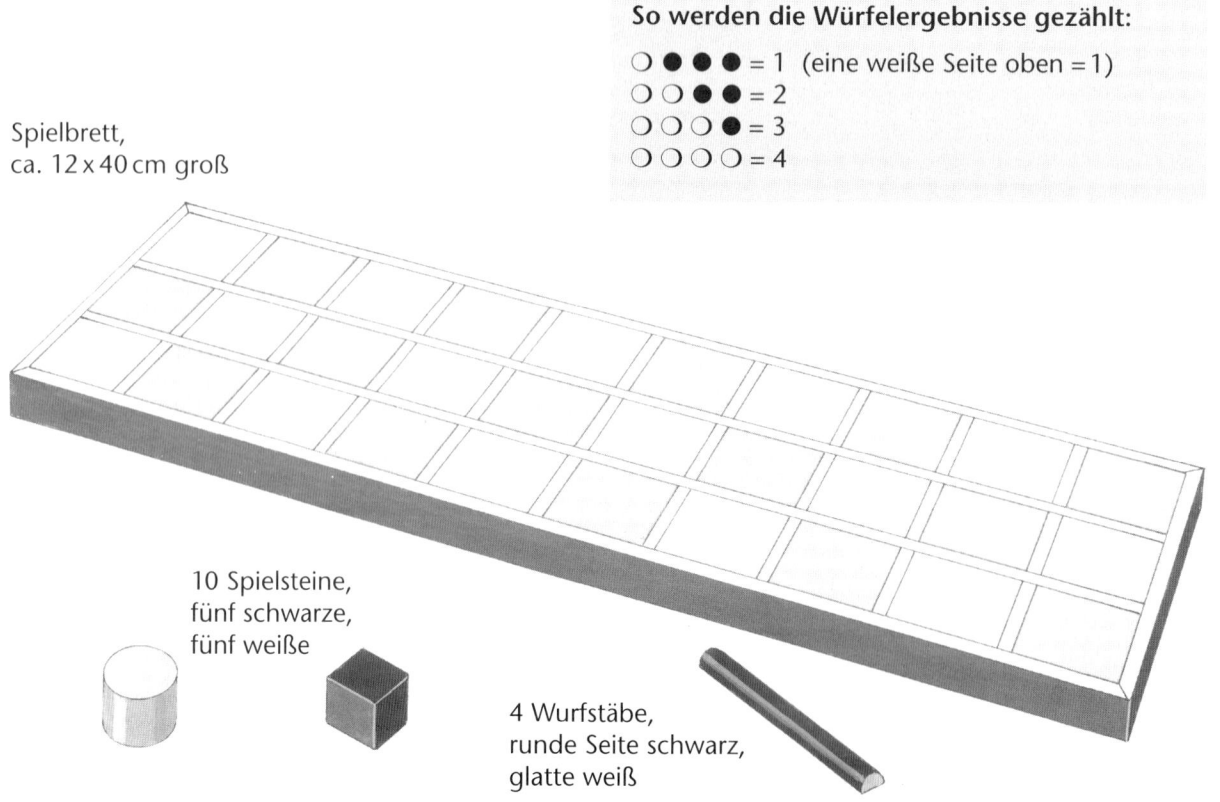

Spielbrett, ca. 12 x 40 cm groß

10 Spielsteine, fünf schwarze, fünf weiße

4 Wurfstäbe, runde Seite schwarz, glatte weiß

Spielen wie Tutanchamun

Die Spielregeln

„Senet" ist ein Würfelspiel für zwei Personen, die jeweils ihre fünf Spielsteine von Feld 1 bis Feld 30 ins Ziel bringen müssen. Wie die Ägypter spielen wir es mit den gebastelten Wurfhölzern.

Die fünf weißen Spielsteine werden auf die ungeraden Felder von 1 bis 9, die schwarzen auf die geraden Felder 2 bis 10 gesetzt. Wer mit den Wurfhölzern zuerst eine 1 würfelt, hat die schwarzen Steine. Er oder sie darf jetzt den ersten seiner/ihrer Steine von der 10 auf die 11 setzen. Es wird entsprechend den gewürfelten Zahlen gerückt. Bei einer 1, 4 oder 6 darf man nochmal würfeln und rücken. Wirft man dagegen eine 2 oder 3, so kann nur noch eine Figur gerückt werden, dann kommt der Mitspieler/die Mitspielerin an die Reihe. Er/sie nimmt seinen/ihren Stein auf Feld 9 und rückt entsprechend der geworfenen Zahl weiter – so lange bis er/sie eine 2 oder 3 hat. Auf einem Feld darf immer nur ein Stein stehen. Kommt ihr beim Vorrücken auf ein vom Mitspieler besetztes Feld, so dürft ihr dessen Stein hinauswerfen. Er muss auf jenes Feld zurück, von dem aus der andere gerade gekommen ist: „Mensch ärgere dich nicht!"
Zwei oder drei Steine derselben Farbe auf hintereinander liegenden Feldern schützen sich gegenseitig, dürfen also nicht geschlagen werden. Drei Steine derselben Farbe dürfen auch nicht übersprungen werden. Wenn kein Stein nach vorne gezogen werden kann, weil Felder besetzt sind oder nicht übersprungen werden dürfen, so muss der Stein nach hinten auf ein freies Feld gerückt werden. Wenn auch das nicht möglich ist, muss der Spieler aussetzen. Auf Feld 26, 27, 28, 29 und 30 dürfen Steine nicht mehr geschlagen werden. Feld 27 ist die Falle: Man

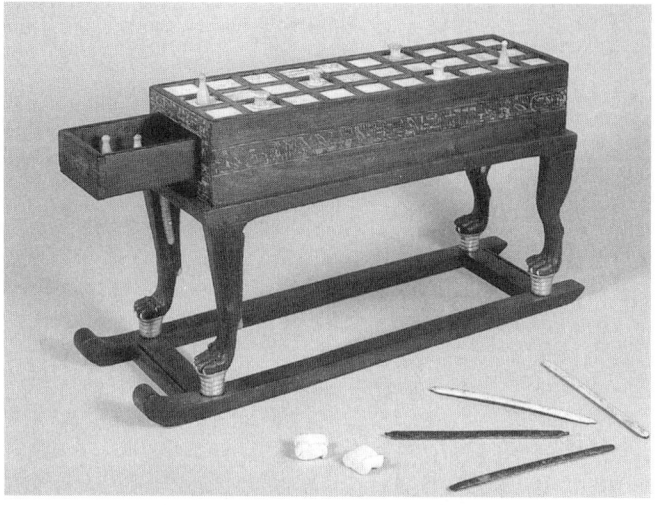

Senetspiel aus dem Grabschatz des Tutanchamun (um 1320 v. Chr.)

muss zurück bis auf Feld 1 bzw. auf das am weitesten zurückliegende freie Feld!
Nur wer alle (!) seine Steine in die letzte Reihe gebracht hat, darf sie nacheinander aus dem Spiel bringen. Dafür muss jede Figur genau auf Feld 30 geführt worden sein. Wer als erster/erste seine Steine vom Feld gespielt hat, ist Sieger.

Worauf kommt es nun bei diesem Spiel an?
Jeder Spieler muss sich bemühen, möglichst schnell seine fünf Steine in die unterste Reihe, also die Felder 21-30 zu bringen.
Immer dann, wenn ein Stein vom Gegner hinausgeworfen wurde oder wenn ein Spieler in die „Falle" auf Feld 27 geraten ist und wieder in der oberen Reihe steht, muss er mit dem Anspielen des Feldes 30 warten, bis sich alle seine Steine wieder in der untersten Reihe befinden.

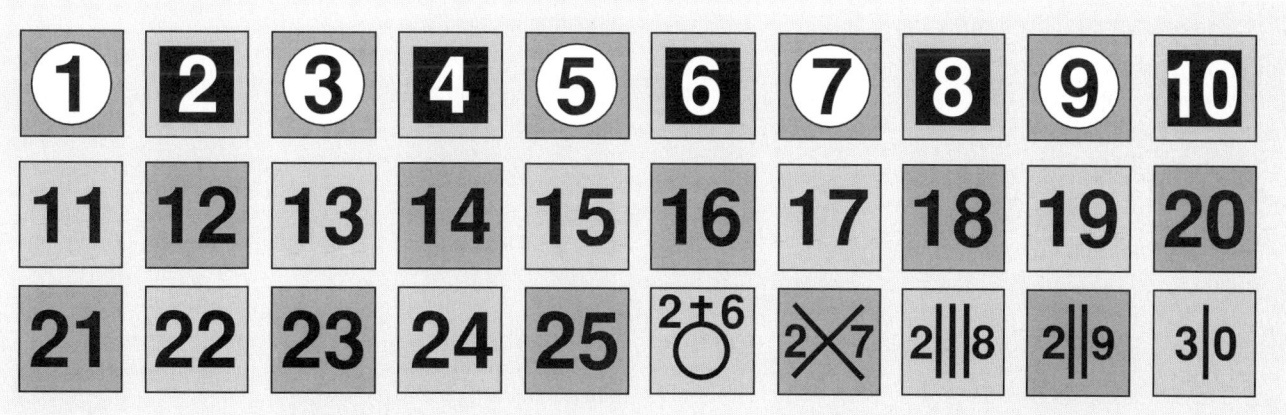

Nummeriert werden nur die Felder 1 bis 25, die anderen könnt ihr frei gestalten, vielleicht mit Hieroglyphen oder ägyptischen Mustern

© Ernst Klett Verlag Stuttgart 1996. Vervielfältigung durch Fotokopie u. a. nur bei vorheriger Zustimmung des Verlages gestattet.

Ägyptischer Silbensalat

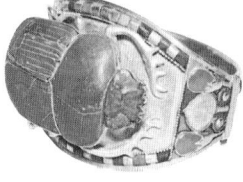

```
a   a   a   abu  am   anch  be
bel bis bä  duf  ge   gi    hat
ho  kar ke  me   me   mun
my  no  nos nu   pa   phis  py
ra  ri  ri  richt rus rus
scha sche schep sim sir
ska sut ta  ten  ter  to   ton
tu  tut us  we   zeh
```

In diesem Silbenrätsel sind 16 Bilder oder Namen enthalten, die dir im Kapitel über Ägypten begegnet sind. Die Bilder sollen dir beim Suchen helfen. Aus den Buchstaben der markierten Felder ergibt sich ein Begriff, der eine große Attraktion für Archäologen und Ägyptenbesucher bezeichnet. *(Umlaut im Lösungswort = zwei Buchstaben)*

Pflanze mit markhaltigem Stengel

Bewässerungs„apparat" der Ägypter

Schakalköpfiger Gott

Er berichtet dem Pharao

Umrahmung eines Herrscherbildes

Falkenköpfiger Gott

Sein Grab wurde erst 1922 entdeckt

Hier steht die Riesenfigur eines Mensch-Tier-Wesens

Gemahlin des Herrschers Semanchkaré

Wichtige Verhandlung am Lebensende

Glück bringendes Insekt

Mitglied einer Berufsgruppe, die allein Schmuck tragen darf

Berühmte Herrscherin

Berühmter Tempel

Pharao mit Kobra

Sein Grab befindet sich neben dem des Cheops

Lösungswort:

Spiele der Griechen

Die Menschen in Griechenland haben genauso gerne gespielt wie wir heute. Wahrscheinlich haben sie sogar noch viel häufiger gespielt als wir, weil es im alten Griechenland weniger Ablenkungsmöglichkeiten wie Radio, Fernsehen oder andere Medien gab. Die Spiele der Kinder unterschieden sich kaum von denen, die ihr vielleicht auch kennt. Wenn ihr Lust habt, dann setzt euch zusammen und spielt wie die Kinder in Athen, Korinth oder Sparta.

Das Delta-Spiel

2 und mehr Spieler können dieses Spiel zusammen spielen.

Auf einen glatten Boden wird ein großes spitzwinkliges Dreieck (Breite 2 m, Höhe 2 m) mit Kreide gezeichnet. Das Dreieck sieht aus wie der griechische Buchstabe Delta. Mit waagerechten Strichen wird das Dreieck in zehn Felder eingeteilt. Alle Felder haben Zahlen. Das Feld in der Spitze bekommt die Zahl 10, das unterste die Zahl 1. Die Spieler werfen von einer Linie (Entfernung ca. 2 bis 3 m) Walnüsse in das Feld. Jeder Spieler hat 5 Nüsse, es wird reihum geworfen. Die Punkte werden aufgeschrieben und zusammengezählt. Das Spiel kann über mehrere Runden gespielt werden. Wer die meisten Punkte hat, ist Sieger.

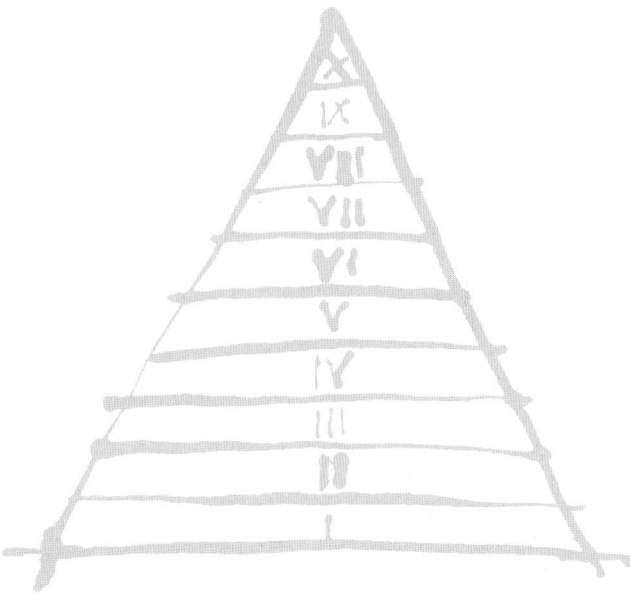

Ein Geduldsspiel
Loculus Archimedius (archimedisches Kästchen):

Der Loculus Archimedius ist ein altes Geduldsspiel, ähnlich einem Puzzle oder dem chinesischen Tangram-Spiel. Die Griechen kannten es auch. Dort hieß es: Ostomachion. Das Spiel hat 14 geometrische Figuren, wie du es in der Zeichnung sehen kannst. Durch verschiedenes Zusammensetzen der einzelnen Teilstücke kannst du unterschiedliche Figuren bilden, die mal Tieren, mal anderen Dingen ähneln. Aufgabe ist aber auch, die 14 Teile wieder zu einem vollständigen Quadrat zusammenzusetzen.

Du kannst dir ein Loculus Archimedius leicht selbst machen. Es ist übrigens auch ein hübsches kleines Geschenk, mit dem du zeigen kannst, was man alles im Geschichtsunterricht lernt. Fotokopiere diese Vorlage, übertrage sie auf ein Stück Pappe und schneide die Figuren aus. Wenn du gern bastelst, kannst du die Formen auch auf Sperrholz übertragen und mit der Laubsäge ausschneiden.

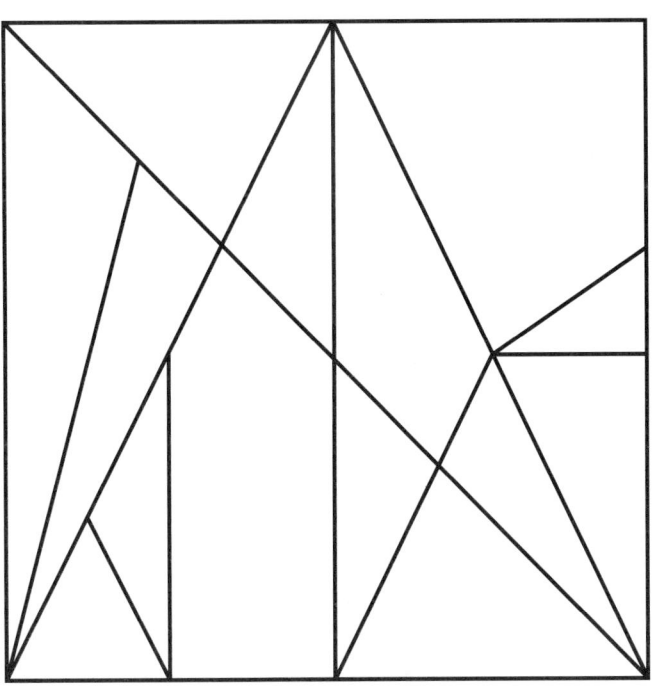

Die Götter Griechenlands – ein Würfelspiel

Spielanleitung:

Aufgabe der Spieler/der Spielerinnen ist es, den Olymp, den Sitz der Götter, zu erreichen. Dazu wird abwechselnd je einmal gewürfelt. Es wird um so viele Felder vorgerückt, wie der Würfel Augen zeigt. Leider konnten sich die Erfinder dieses Spiels nicht einigen, wie man die schwierige Aufgabe, den Olymp zu besteigen, am besten löst. Deshalb ist das Spiel nicht ganz fertig geworden. Also musst du dein eigenes Spiel austüfteln und dabei entscheiden, wie schwierig es sein soll, das Ziel zu erreichen.

Male 10–15 Felder rot an. Gelangt ein Spieler auf eines dieser Felder, muss er eine Runde aussetzen. Du kannst selbst entscheiden, wie sie verteilt werden sollen. Die Felder mit einem E sind Ereignisfelder. Wenn jemand darauf trifft, muss er eine Aufgabe lösen. Auch diese Felder sind nicht alle fertig geworden, also musst du manche Aufgaben vervollständigen und manche selbst ausdenken. Natürlich müsst ihr auch wissen, um welche Götter es sich handelt und wofür sie zuständig sind. Informiert euch im Geschichtsbuch oder in einem Lexikon und tragt den fehlenden Götternamen und den fehlenden Zuständigkeitsbereich in die Kästchen ein.

Aphrodite, die Göttin der Schönheit, hilft dir weiter:
_____
_____

Leider sah es in deiner Schultasche unordentlich aus. Darum schickt dich Apollon, der Gott der Musik und Dichtkunst, der zugleich Gott der Ordnung ist, um sechs Felder zurück.

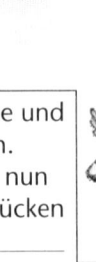

Hermes ist der Götterbote und Beschützer der Reisenden. Mit seiner Hilfe darfst du nun entweder vier Felder vorrücken oder _____
_____

Dionysos, der Gott des Weines, hilft dir auf dem schweren Weg, der vor dir liegt:
_____
_____

Du hast das Ziel fast erreicht. Zeus, der Göttervater, duldet jedoch keine Menschen auf dem Olymp, dem Sitz der Götter. Du musst noch einmal zum Start zurück!

Wenn ihr dann alle euer Spiel fertig habt, könnt ihr simultan spielen. Teilt euch in Kleingruppen auf. Dann würfelt reihum einer für alle und alle setzen die gleiche Zahl auf ihren unterschiedlichen Brettern. Solche Simultanspiele sind recht selten, vielleicht müsst ihr für einen reibungsloseren Spielverlauf noch neue Regeln festlegen.

Poseidon, der Gott des Meeres, scheint sehr erbost zu sein. Er schleudert seinen Dreizack auf dich:

_____
_____
_____

Artemis ist die Göttin der Jagd und beschützt alle wilden Tiere. Sie weiß, dass du sehr tierlieb bist und hilft dir deshalb weiter. Du darfst noch einmal würfeln.

Du hast beim Betreten des Feldes Zerberus, den Torhüter zur Unterwelt, aufgeweckt. Setz einmal aus!

Olympische Spiele in der Antike

Ordne die Bilder den Ziffern 1–7 in der Übersicht zu und verbinde sie durch Linien!
Ergänze dann anhand deines Geschichtsbuches die Übersicht zum Ablauf der Olympischen Spiele im antiken Griechenland. Dein Geschichtsbuch hilft dir mit weiteren Informationen.

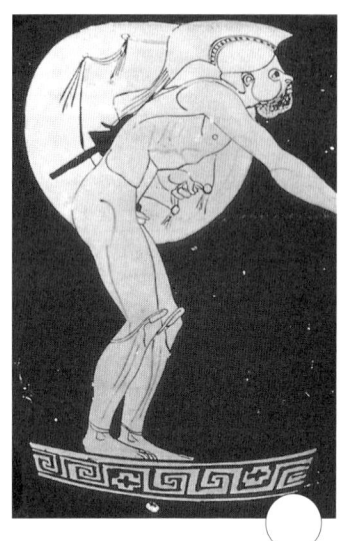

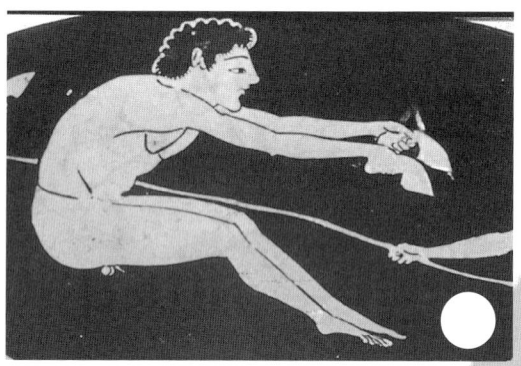

1. Tag:

2. Tag:

3.–5. Tag: 1.
2.
3.
4.
5.
6.

6. Tag: 7.

24 © Ernst Klett Verlag Stuttgart 1996. Vervielfältigung durch Fotokopie u. a. nur bei vorheriger Zustimmung des Verlages gestattet.

...nd in unserem Jahrhundert

In Paris wurde 1894 die Wiedereinführung der Olympischen Spiele beschlossen. Die ersten Spiele der Neuzeit fanden dann 1896 in Athen statt. Seitdem sind sie bis heute eines der bedeutendsten sportlichen Ereignisse der Welt.

Suche in Zeitungen und Zeitschriften, Büchern und Lexika Informationen und Bilder zu den Olympischen Spielen unseres Jahrhunderts und gestalte damit diese Seite, z. B.
- Frauen- und Männerdisziplinen,
- wann kam welche Disziplin neu hinzu?
- das waren für mich die Höhepunkte der letzten Olympischen Spiele ...

Fairplay in Olympia?

Fairplay im Sport! Diese Forderung ist heute aus dem Sportgeschehen nicht mehr wegzudenken. Wie war es aber in der Antike? Die Olympischen Spiele gelten heute noch als Vorbild. Haben sich die Sportler in Olympia fair verhalten?
Wenn wir das genau untersuchen wollen, sind wir auf Vasenbilder aus der Antike angewiesen. In deinem Geschichtsbuch findest du ein Bild vom Pankration. Beide Gegner versuchen, den Daumen in das Auge des Gegners zu drücken. Der Schiedsrichter steht mit erhobenem Stock daneben und will die Gegner auseinander treiben.
Die Schiedsrichter hatten offensichtlich alle Hände voll zu tun den Sport in der Antike sauber zu halten. Auch schriftliche Quellen berichten von überharten Wettkämpfen, bei denen Sportler verletzt wurden. Wir erfahren von einem Leontiskos aus Messana, der seine Gegner an den Fingerspitzen packte und sie zu brechen versuchte, andere beklagten eingeschlagene Zähne, platte Nasen und geschwollene Ohren. Sieh dir z. B. das Bild des Boxers an. Das Erstaunliche ist aber, dass die Griechen die Regelverstöße im Bild und in Worten darstellten und nichts verheimlichten.
Beschreibe einmal das Verhalten der Sportler bei den Bildern auf dieser Seite. Wenn du in deinem Geschichtsbuch das Kapitel über die Olympischen Spiele liest, kannst du die Frage, warum die Athleten in Griechenland sich so verhielten, beantworten. Wie würden Sportler heute für dieses Verhalten bestraft werden? Halten sich Sportler heute immer an die Fairnessregeln? Bildet in eurer Klasse Arbeitsgruppen zum Thema „Fairplay" im Sport. Eine Gruppe könnte sich Sport-

reportagen im Fernsehen ansehen und genau beschreiben, welche fairen und unfairen Aktionen von Sportlern vorkommen und wie die Schiedsrichter darauf reagieren. Besonders die Fußballreportagen eignen sich gut dafür. Vergesst aber nicht, auch das Verhalten der Zuschauer zu beobachten. Wie tragen sie zu fairem oder unfairem Verhalten der Sportler bei? Vielleicht habt ihr auch eine Gelegenheit, ein Fußballspiel in eurem Ort zu besuchen.
Eine andere Arbeitsgruppe könnte untersuchen, was über faires und unfaires Verhalten in Zeitungen zu finden ist. Fotobände über Olympische Spiele und Weltmeisterschaften sind sicher auch eine Fundgrube zu diesem Thema. Du findest diese Bücher in einer Bücherei an deinem Wohnort.
Bei allen Sportarten, die ihr untersucht, ist es wichtig, in den Spielregeln nachzusehen, was dort über unfaires Verhalten steht.

Wenn ihr dazu Bilder findet, könnt ihr z. B. eine Wandzeitung: **Fairplay in Olympia – Fairplay heute!** machen. Vielleicht könnt ihr auch eine Umfrage zu diesem Thema bei Mitschülern und Eltern durchführen. Sicher habt ihr aber noch weitere Ideen, wie ihr Informationen zu diesem Thema bekommen könnt.

Wenn euch das Thema „Fairplay" weiter interessiert, könnt ihr bei folgender Anschrift interessantes Material erhalten:
Nationales Olympisches Komitee für Deutschland
Postfach 71 02 63,
D-60492 Frankfurt am Main

Eine rätselhafte Disziplin

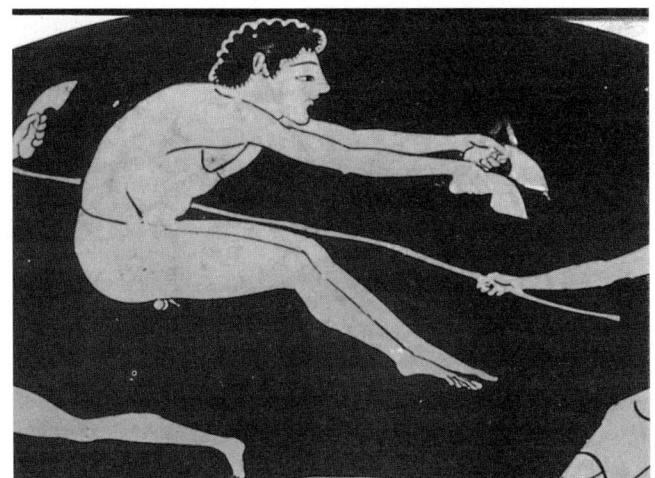

Kann im Sportunterricht eine Antwort auf eine noch ungelöste Frage der antiken Olympischen Spiele gefunden werden?

Wie die alten Griechen den Weitsprung durchführten, ist noch nicht völlig geklärt. Die Vasenbilder zeigen übereinstimmend den Gebrauch von Gewichten, Halteren genannt. Sie wogen ca. 2 kg und wurden in beiden Händen gehalten. Es gab einen Absprungbalken. Beim Wettkampf wurde Flötenmusik gespielt.
Unklar ist aber noch immer, ob der Springer einen Anlauf machte, wie viele Sprünge er durchführte und wie er beim Sprung die Gewichte gebrauchte.

Wichtig ist zunächst die Frage, ob die antiken Sportler so weit wie möglich springen oder ob sie mit Hilfe der Gewichte am Ende des Sprungs zum festen Stand kommen wollten. In diesem Fall war der sichere Stand wichtiger als die Weite, der Springer durfte also am Ende des Sprungs nicht nach vorn oder hinten fallen. Wenn es um die größte Weite ging, dann wurden die Gewichte sicherlich zum Schwungholen verwendet. Das Bild mit den einzelnen Phasen des Weitsprungs zeigt dir, wie man springen musste.
Wichtig ist außerdem die Frage, ob die Griechen einen Anlauf machten. Auf dem Bild sehen wir, dass der Springer mindestens *einen* Schritt vor dem Absprung machte.

Möglich ist auch, dass die Springer aus dem Stand mit *einem* Bein absprangen und dann beidbeinig weitersprangen.
Da es so viele Unklarheiten gibt, könnt ihr vielleicht herausfinden, wie der Weitsprung in der Antike möglicherweise gemacht wurde.
Zum Ausprobieren braucht ihr eine Sprunggrube mit Sand und eine Rasenfläche. Als Gewichte nehmt ihr am einfachsten leere Plastikflaschen, in denen Spülmittel oder Weichspüler waren, und füllt entweder Sand oder Wasser hinein.

Nun zu der Aufgabe:

- führe alle Sprünge *mit* und *ohne* Anlauf durch
- springe mit *einem* Bein oder *beidbeinig* ab
- springe mit verschiedenen Gewichten (0,5–2 kg)
- führe einen einfachen Sprung, einen Drei-, Vier- oder Fünfsprung durch.
- Jeder Springer sollte bei den einzelnen Wettkämpfen drei Versuche haben, addiert die Weiten und notiert die Ergebnisse

Sicherlich hilft euch euer Sportlehrer dabei.
Viel Spass beim Ausprobieren.

Wir entwerfen eine Spielszene

Du hast im Kapitel „Athen – die Stadt der Demokratie" von der „tiefen Feindschaft" gelesen, die in Athen und Attika zwischen mehreren Bevölkerungsgruppen herrschte: den Bauern, den Handwerkern und Kaufleuten auf der einen, den Adligen auf der anderen Seite. Der Konflikt war so „dramatisch" (Weißt du schon, dass „dramatisch" von dem griechischen Wort „Drama" = Handlung kommt?), dass ein Krieg zwischen den Bürgern der Polis drohte. Schließlich gelang es einem angesehenen Bürger, die schlimmsten Streitpunkte zu klären.
Ihr könntet aus dem Konflikt der verfeindeten Gruppen auch eine kleine Spielhandlung in der Klasse machen.
Ihr teilt euch in die Gruppe der Bäuerinnen und Bauern, der Handwerker und Kaufleute und ihrer Frauen und der Adligen mit ihren Frauen auf. Hauptperson muss der Adlige SOLON sein, der gebeten wird die Probleme zwischen den Streitenden zu schlichten.

1. Szene:	Bauer und seine Frau	Sie berichtet vom Nachbarn, der in die Schuldknechtschaft kam, weil er einem Adligen geliehenes Geld nicht zum vereinbarten Termin zurückgab.
2. Szene:	Ein anderer Bauer	Er erzählt von einer befreundeten Familie. Die Eltern haben zwei der älteren Kinder in die Sklaverei verkauft, damit sie mit den kleineren Kindern überleben können.
3. Szene:	Mehrere andere Bauern	Sie kommen wütend hinzu und wollen einen Aufstand gegen die Adligen machen.
4. Szene:	Es nähern sich Kaufleute	Sie schimpfen, dass sie Soldaten werden und ihre Waffen selbst bezahlen sollen, aber in der Polis nicht mitbestimmen dürfen.
5. Szene:	Zwei oder mehr Handwerker treten auf	Sie erklären zuerst, welches Handwerk sie ausüben und dass auch sie in der Polis etwas zu sagen haben wollen.
6. Szene:	Mehrere Adlige stehen in einer anderen Ecke zusammen	Sie reden verärgert und besorgt über die widerspenstigen Bauern und die eingebildeten Kaufleute und Handwerker, die ihnen die Rechte, die sie bisher immer allein besessen haben, wegnehmen wollen. Nur sie hätten doch seit Urzeiten das Recht, die Polis zu leiten. Weil sie aber Angst haben, dass sie mit der Mehrheit der Unzufriedenen nicht fertig werden und einige auch die Forderungen der Bauern verstehen, rufen sie den bekannten Adligen Solon. Von ihm erwarten sie, dass er einen Kompromiss findet – ohne alle Verhältnisse völlig zu verändern.
7. Szene:	Solon	Er lässt alle Gruppen vortreten und ihre Klagen kurz vortragen. Dabei macht er sich Notizen. Dann tritt er auf: „Meine Mitbürger. Ich habe nun alles gehört und weiß, dass es viele Missstände gibt. Wir können nicht alles ändern. Aber ich will wenigstens die schlimmsten Übel beseitigen." Er nimmt seine Notizen, wendet sich an die anderen und sagt: „Für euch gilt in der Zukunft folgendes: …"

Solon

Vervollständige die Sätze Solons, in denen er für die Adligen, die Bauern, die Handwerker und die Kaufleute festlegt, was in Zukunft gelten soll.

Ihr Adligen dürft ...

Ihr Bauern bekommt ...

Wer schon als Sklave verkauft ist, wird ...

Ihr Handwerker und Kaufleute dürft in Zukunft ...

Im Übrigen ...

Übrigens wirkt dieses Spiel noch echter, wenn ihr von zu Hause ein paar Bett- oder Tischtücher mitbringt und dann in „griechischen" Gewändern auftretet.

Kennst du dich aus in der Welt der Griechen?

Suche zu den folgenden geographischen oder historischen Namen die Lage in der Karte.
Schreibe jeweils den Buchstaben, der dort steht, in das Kästchen des Lösungssatzes mit der Nummer des Namens.

1 Athen
2 Ionisches Meer
3 Ägäisches Meer
4 Santorin
5 Messenien
6 Salamis
7 Attika
8 Thermopylen
9 Marathon
10 Piräus
11 Milet
12 Olymp
13 Troja
14 Olympia
15 Sparta
16 Delphi
17 Lakonien
18 Peloponnes
19 Delos

1	2	3	4	5	6	7	8	9	10	11	12	13	14	15	16	17	18	19

30 © Ernst Klett Verlag Stuttgart 1996. Vervielfältigung durch Fotokopie u. a. nur bei vorheriger Zustimmung des Verlages gestattet.

Male mit einem Farbstift das Ägäische Meer blau, die Ebenen von Sparta und Olympia grün und die Gebirgslandschaften um den Olymp und auf der Peloponnes braun.

Ein Bürger Milets will an den Olympischen Spielen teilnehmen.
– Beschreibe seine möglichen Reiserouten und trage sie in die Karte ein, berücksichtige dabei die landschaftlichen Gegebenheiten (z. B. Gebirgszüge, Flüsse).
– Welche Streckenlängen (in km) müsste er jeweils zurücklegen?
– Wie lange hätte er gebraucht, wenn er mit einem Schiff (Tagesstrecke 120 km) oder einem Pferdefuhrwerk (Tagesleistung 100 km) unterwegs gewesen wäre?

100 km

Wer war's? Wo war's?

Völker – Götter – Menschen

Alle kennst du aus deinem Geschichtsbuch – kennst du sie hier wieder? Einige der Gesuchten sind auf den Bildern abgebildet – ordne sie den richtigen Beschreibungen zu und finde ihre Lebensdaten heraus. Die Abbildungen findest du im Buch.

Sie siedelten in fast ganz Europa und waren als Krieger überall gefürchtet. Schriftsteller berichteten meistens Fürchterliches über ihre Tapferkeit und Kampfeswut. Teile von ihnen verließen auf langen Wander- und Kriegszügen sogar unseren Kontinent. Sie waren ein geheimnisvolles Volk, und wenn wir nicht immer wieder Spuren von ihnen im Boden fänden, wüssten wir noch weniger über sie. Denn sie haben über sich selbst nichts geschrieben; und das meiste ihres Wissens, z. B. über Heilkräuter, wurde von ihren Priestern nur mündlich von Generation zu Generation überliefert. Obwohl sie als Kämpfer gefürchtet wurden, waren sie auch tüchtige Bauern, Handwerker und Künstler und trieben Handel mit der ganzen damals bekannten Welt. Sie handelten z. B. mit Waffen, Werkzeugen, Gefäßen und Schmuckstücken, die ihre geschickten Schmiede herstellten.

Wer waren sie? _____

Unglaubliche Leistungen soll er schon als Kind vollbracht haben. Noch in Windeln habe er die Leier, ein Musikinstrument mit Saiten, erfunden.
Seinem Halbbruder soll er schlau und trickreich eine ganze Rinderherde entführt haben. (Es wird erzählt, dass er die Rinder rückwärts in ein Versteck geführt habe, sodass niemand vermuten konnte, dass die Rinder darin waren.) Als Erwachsener übte er zwei Berufe gleichzeitig aus: Er war zuständig für das Übermitteln von Nachrichten (deshalb wird er immer mit besonders schnellen Schuhen, einem Reisehut und einem Stab als Zeichen eines Herolds dargestellt) und zugleich war er der Schutzherr von Kaufleuten. Allerdings hatte er sich durch seinen Rinderdiebstahl einen gewissen Ruf erworben, sodass ihn auch die Diebe als ihren Beschützer betrachteten.

Wer war's? _____

Sie war eine berühmte Dame, die ungefähr anderthalb Jahrtausende vor Christus in einem Land an einem großen Strom lebte und regierte. Ihre Kleidung bei besonderen Anlässen kommt uns höchst merkwürdig vor: Sie trug z. B. außer einem Kopftuch einen Schlangenschmuck auf der Stirn und den vorgeschriebenen röhrenförmigen Bart. Ihre Untertanen schätzten sie, weil sie dem Land durch ausgedehnten Handel Wohlstand und Frieden brachte. Ihr Sohn hatte wahrscheinlich eine weniger gute Meinung vom Verhalten seiner regierenden Mutter, denn er brauchte viel Geduld, bis er ihren Platz einnehmen konnte.

Wer war's? _____

Unendliches Leid mussten sie ertragen: Auf langen Wanderungen, oft vom Hunger getrieben, damals, als eine große Zahl von ihnen im fremden Land Zwangsarbeit leisten mussten, später, als sie sich in dem Lande, in dem sie schon früher gelebt hatten, wieder Wohnstätten erkämpften. Auch danach wurden sie wiederholt vertrieben und oft grausam verfolgt. Trotzdem hielten sie ihrem Gott – meistens – die Treue. Berichte über ihre Wanderungen sind in einem Buch aufgeschrieben, das heute noch von vielen Menschen gelesen und verehrt wird.

Wer waren sie? _____

Auch sie sind gewandert. Ihr Grund war: Sie suchten Platz zum Leben in südlicheren und wärmeren Gegenden. Sie kamen in ein Land, das ganz anders war als jenes, das sie verlassen hatten. Denn sie kamen aus flacher und sehr weiträumiger Landschaft und trafen nun auf ein gebirgiges Land mit vielen Meeresbuchten, Landzungen und Inseln. Platz für ihre Siedlungen fanden sie meistens nur auf ziemlich kleinen, von Bergen eingeschlossenen Flächen. Aber sie blieben in diesem Land und schufen, obwohl sie immer wieder Streit miteinander hatten, eine Kultur und Zivilisation, die lange Zeit für viele Völker vorbildlich war.

Wer waren sie? _____

Ob es ihn überhaupt gegeben hat, ist nicht sicher. Heutige Wissenschaftler streiten immer wieder darüber. Von den Angehörigen seines Volkes wurde diese Frage allerdings nie gestellt, denn seine Werke waren ihnen eine Art Bibel. Darin waren ihre Vorstellungen über ihre Religion und ihre früheste Geschichte schriftlich in dichterischer Form festgehalten. Diese Werke gaben seinem Volk das Gefühl der Zusammenge-

32

Das Bild zeigt Angehörige eines Volkes, der _____ . Sie lebten ca. _____

hörigkeit, obwohl es sich weit verstreut in der damals bekannten Welt angesiedelt hatte. Auch heute werden die Gedichte noch gelesen und Geschichten daraus kennen viele von euch.

Wer war's? _____

Er war ein erfolgreicher Politiker und er war zugleich, was nur wenige Politiker sind: ein Dichter. In den meisten seiner Gedichte behandelte er Themen im Zusammenhang mit seinen politischen Aufgaben; oft belehrte und ermahnte er darin seine Mitbürger: Maßlose Habgier führe zu schlimmen Verhältnissen im Staat; jedes Unrecht werde irgendwann sicher bestraft; man solle die Schuld für ein selbst verschuldetes Unglück nicht den Göttern anlasten. Er hatte gute Gründe für Forderungen dieser Art, denn in seiner Heimatstadt herrschte wegen sehr ungleicher Verteilung des Besitzes und der politischen Rechte Uneinigkeit und Streit. Als die Lage ganz ausweglos schien, wurde er gewählt, die Situation als Unparteiischer zu klären. Er tat dies, indem er zahlreiche neue Gesetze erließ, die allen Bürgergruppen entgegenkamen, aber allen auch Unangenehmes brachten. Keiner war mit diesen Regelungen wirklich einverstanden. Aber unser Politiker soll seine Mitbürger gezwungen haben, zu schwören, dass sie diese Gesetze halten. Außerdem soll er für 10 Jahre ins Ausland gegangen sein, da es nach der damaligen Rechtsprechung nicht erlaubt war, in seiner Abwesenheit die Gesetze zu ändern.

Wer war's? _____

Nach unserem Politiker, der lange Zeit das politische Geschehen in seiner Heimatstadt beherrschte, wurde ein ganzes, wenn auch kurzes Zeitalter benannt. Obwohl er viele Jahre lang nur zum Feldherrn gewählt wurde, konnte er durch seine Fähigkeiten als Redner die Entscheidungen des Volkes immer wieder nach seinen eigenen Vorstellungen beeinflussen. Daher meinten manche, die Demokratie in seiner Stadt sei zu dieser Zeit gar keine echte, sondern in Wirklichkeit die Herrschaft nur eines Mannes gewesen. Da er aber für die Stadt zumeist sehr erfolgreich war – z. B. verschaffte er vielen Arbeitern und Handwerkern durch öffentliche Bauten Arbeits- und Verdienstmöglichkeiten –, nahmen das die Bürger hin. Überhaupt tat er viel für die einfachen Leute; so sorgte er dafür, dass jeder, der bei demokratischen Entscheidungen mitwirkte und deshalb keiner Arbeit nachgehen konnte, eine Ausgleichszahlung erhielt. Er starb an der Pest, die in seiner von Feinden belagerten Stadt ausbrach und unter den Bürgern viele Opfer forderte.

Wer war's? _____

Den meisten Mitbewohnern seiner Heimatstadt war er unbequem und lästig. Denn er hatte eine merkwürdige Angewohnheit: Bei jeder Gelegenheit verwickelte er andere in Gespräche, in denen er hartnäckig Fragen stellte. Meistens war das Ergebnis dieser Unterhaltungen, dass der Gesprächspartner zugeben musste über das besprochene Thema nicht viel zu wissen. Er selbst sagte, dass er auf der Suche nach Wahrheit sei. Diese Art von Wahrheitssuche brachte seine Mitbürger schließlich so gegen ihn auf, dass sie ihn mit einer überaus harten Strafe belegten. Gelassen nahm er sie auf sich, obwohl er sie als Unrecht betrachtete.

Wer war's? _____

Wen die Götter lieben, der stirbt jung.– Das galt den Griechen als gültige Weisheit. Haben die Götter unseren Helden geliebt? Er hatte unglaubliche Erfolge und er starb verhältnismäßig jung. Manche seiner Zeitgenossen haben sogar geglaubt, dass er nicht nur von den Göttern geliebt wurde, sondern selbst ein Gott war, da seine Erfolge weit über das Gewohnte hinausgingen. Kurz vor seinem Tode glaubte er das möglicherweise selbst, denn er zwang seine griechischen Untertanen ihn wie einen Gott zu verehren. Das bewahrte ihn aber nicht davor, an einer gewöhnlichen Krankheit mit Fieber zu sterben. Er hatte es übrigens versäumt, einen Nachfolger zu bestimmen, so zerbrach sein riesiges Reich schneller, als er es hatte aufbauen können.

Wer war's? _____

Ein berühmter griechischer Dichter hat sie zur Heldin einer Tragödie gemacht. Sie erregte den Zorn des Königs von Theben. Der hatte verboten den Leichnam ihres Bruders zu begraben, weil er sich gegen den tyrannischen König aufgelehnt hatte. Ohne eine Bestattung konnte nach dem Glauben der Griechen ein Toter aber nicht in die Unterwelt eingehen. Es war ihr wichtiger, den Willen der Götter zu erfüllen, als das königliche Gebot zu achten. Ihr vorbildliches Verhalten bis zum Tod sollte die Theaterbesucher erschüttern.

Wer war's? _____

Das habe ich alles behalten

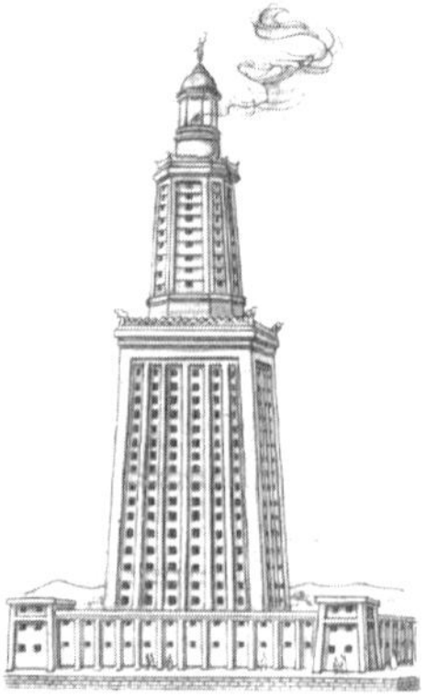

Mit diesem Kreuzworträtsel kannst du prüfen, was du alles über die griechische Geschichte weißt. Trage entweder die Antwort auf die Fragen oder den Begriff, den die Bilder darstellen, bei der passenden Zahl ein. Aus den Buchstaben der hellgrau unterlegten Kästchen kannst du den Lösungssatz zusammensetzen.

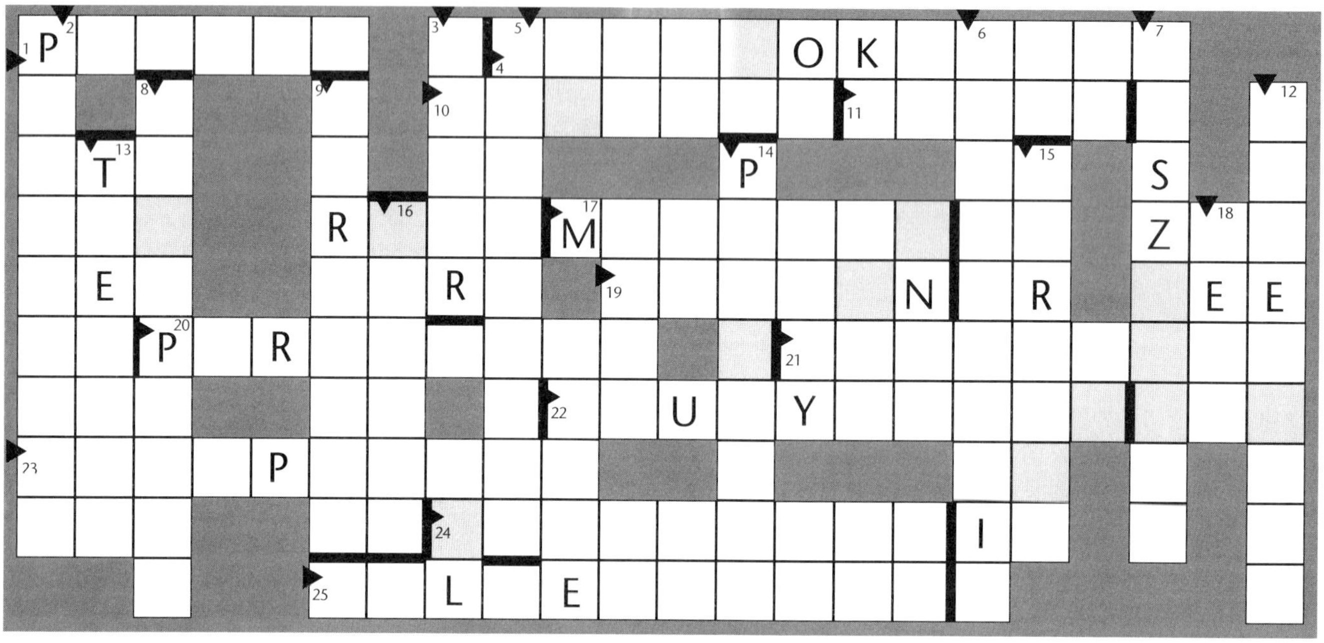

2 Griechisch: Freund der Weisheit 3 Er gilt als der größte Dichter der Antike 4 Herrschaft der Adligen 5 Er eroberte das Reich der Perser 6 Antike Handelsstadt in Nordafrika 7 Perioden kalten Klimas in der Erdgeschichte 8 Burgberg Athens mit Tempeln 9 Hier siegten die Athener über ein Perserheer 10 Ort der berühmtesten Sportfestspiele der Griechen 11 Lebensgemeinschaft der Bürger eines Staates in Griechenland 12 Vormacht eines Staates über andere Staaten 15 Hafen von Athen 17 Hochschule in Alexandria 18 Der oberste der griechischen Götter 19 Bezeichnung für einen Gewaltherrscher 20 Tempel der Athene in Athen 21 Sportstätte in Athen 24 Trauerspiel, in Athen entstanden 25 Zeit, in der die griechische Kultur in der alten Welt vorherrschte

Lösungssatz (drei Wörter): _____

34

Wo die Griechen überall waren

Wenn du alles richtig ausfüllst, ergibt die obere Reihe des Kamms einen Begriff, der eine wichtige Leistung der Griechen rund ums Mittelmeer bezeichnet. Eine Hilfe dabei ist die Karte aus dem Kapitel „Griechenland – eine Landschaft bestimmt die Lebensweise ihrer Bewohner".

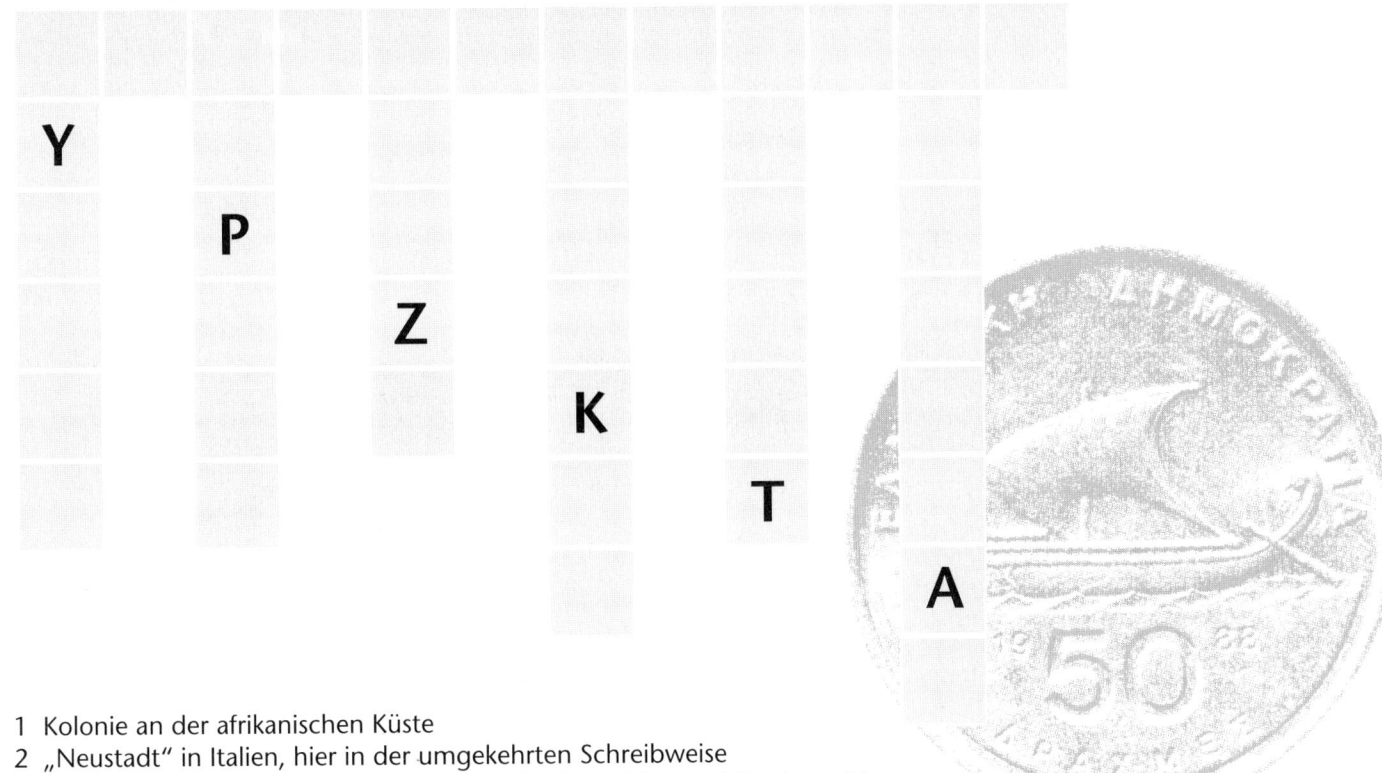

1 Kolonie an der afrikanischen Küste
2 „Neustadt" in Italien, hier in der umgekehrten Schreibweise
3 Griechische Kolonie, heute eine Stadt an der französischen Mittelmeerküste
4 Diese Kolonie auf Sizilien entwickelte sich zur bedeutendsten griechischen Kolonie in Unteritalien und gründete selbst mehrere Kolonien
5 Einzige Kolonie Spartas (in Unteritalien) – im „Absatz" des italienischen Stiefels
6 Phönizische Kolonie an der afrikanischen Küste – sie stieg zu einer Großmacht im Mittelmeerraum auf und konkurrierte mit Rom – dieser Konflikt führte zu ihrer Zerstörung (hier in umgekehrter Schreibweise)

```
S E S E L E T O T S I R A
V E R S C H M E L Z U N G
D I A D O C H E N R S U P
A L E X A N D R I A A I L
R P B R T A A A M R L N A
E P E I S C R W U L E D T
I H O N N A C E S I X U O
O I T O M D H L E E H S N
S L E D A E I T I N B M P
I I U U I M M R O H D D H
N P V J L I E E N H B E A
D P H A R A D I O P U L R
U R I M M I E C O G A L O
S E L T R E S H H I H E S
```

Suche in der Buchstabensammlung nach versteckten Begriffen, Ereignissen und Namen von historischen Persönlichkeiten. Folgende Wörter können entdeckt werden:

– der Name des Vaters von Alexander dem Großen
– die Bezeichnung für die Nachfolger Alexanders
– die Namen griechischer Philosophen und Wissenschaftler
– die Bezeichnung für eine neu erstandene Metropole im Mittelmeerraum
– die Bezeichnung für eines der sieben „Weltwunder" der Antike, einen Leuchtturm
– zwei Bezeichnungen für Alexanders politische Pläne
– künstlerische oder wissenschaftliche Sammlung in der hellenistischen Zeit
– Kriegsgegner Alexanders
– der große Fluss, den Alexander während seines indischen Feldzuges hinabfährt

Beachte, dass die zu findenden Wörter nicht nur waagerecht und von links nach rechts geschrieben sind, sondern auch senkrecht von oben nach unten.

Wurzeln unserer Kultur

Wie eine große Pflanze aus vielen kleinen Wurzeln emporwächst, so haben sich bedeutsame und einflussreiche Wurzeln unserer heutigen Kultur und Zivilisation schon in der Welt der Griechen gebildet.
Verbinde die Namen und Begriffe mit der passenden Wurzel – am besten mit grünen Linien, damit du siehst, wie die Pflanze „wächst".
Allerdings solltest du bedenken, dass unsere Kultur nicht allein auf die Griechen zurückgeht. Viele andere Völker, Römer, Juden, Germanen, Kelten, Araber und noch weitere, haben daran mitgewirkt. Auch von ihnen und ihrem Einfluss wirst du im Geschichtsunterricht noch manches erfahren.

Platon
Tragödie
Demokratie   Themistokles
Olympische
Drama   Monarchie   Spiele
Homer   Thukydides
Kleisthenes   Sokrates   Solon
Sophokles
Aristokratie
Perikles
Pythagoras   Herodot
Diskus
Archimedes
Aristoteles

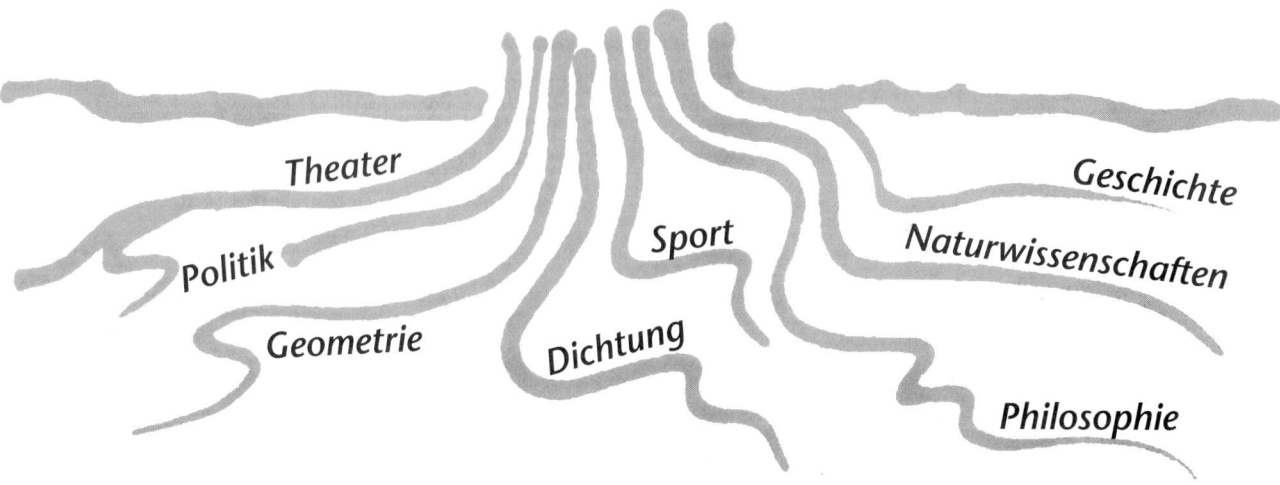

Theater   Geschichte
Politik   Sport   Naturwissenschaften
Geometrie   Dichtung
Philosophie

Memoryspiel zur griechischen Geschichte

Perikles

_____
_____
_____
_____
G1

Triere

_____
_____
_____
_____
G2

Dies Vasenbild zeigt zwei Krieger, vermutlich Achilles und Ajax. Sie spielen ein **Brettspiel**, das unserem heutigen Damespiel ähnlich sein könnte.
G3

Als ein Zeichen besonderer Gastlichkeit galten bei den Festen der Griechen schon immer **Musik** und Tanz. Dafür gab es bereits früher eine große Zahl verschiedener Musikinstrumente.
G4

Das Addieren von Zahlen erlernten die Jungen in der Schule mithilfe dieses Rechengerätes, das **Abakus** hieß. Jede Perle der oberen Reihe zählte 1, jede der mittleren 10 und der unteren 100.
G5

Das **Öl der Oliven** war und ist aus Griechenland nicht wegzudenken. Man verwendete es nicht nur zum Kochen, sondern auch als Lampenbrennstoff und als Massageöl.
G6

Die Griechen hatten bereits eine Vielzahl verschiedener Formen für keramische Produkte. Die bekanntesten sind bis heute die **Amphoren**, in denen man auch größere Vorratsmengen lagern konnte.
G7

Dieser **Kinderstuhl** zeigt, dass die Griechen auch schon Möbel für die ganz kleinen Kinder hergestellt haben. Neben diesem Modell gab es auch andere, die im unteren Teil des Stühlchens einen Topf hatten.
G8

Akropolis

_____
_____
_____
_____
G9

Auf dieser und der nächsten Seite findest du die ersten 18 Kartenpaare für ein Memoryspiel. Jeweils eine Text- und eine Bildkarte bilden ein Paar. Einige Textkarten müsst ihr allerdings selbst beschriften. Dann bildet ihr am besten kleine Spielgruppen und bastelt zusammen ein Spiel. So können die einen die Karten zur römischen, die anderen die zur griechischen Geschichte verwerten und jeder kann noch neue Karten entwerfen. Schneidet die Karten aus und klebt sie auf eine feste Pappe. Wenn ihr wollt, könnt ihr die Rückseiten mit Papier beziehen oder anders gestalten. Aber Achtung, die Rückseiten müssen alle gleich sein, damit niemand schummeln kann!

© Ernst Klett Verlag Stuttgart 1996. Diese Seite ist zur Erstellung von Kopien freigegeben.

Memoryspiel zur römischen Geschichte

Wölfin

Berufssoldaten gab es bei den Römern schon im 1. Jh. v. Chr. Jeder Soldat musste Waffen, Rüstung, Werkzeug und Verpflegung mit sich herumtragen, etwa 40 kg Gepäck. Scherzhaft wurden diese Männer deshalb „Esel des Marius (ein römischer Feldherr)" genannt.

Caesar

Das **Hermannsdenkmal** bei Detmold erinnert an die Schlacht im Teutoburger Wald. Die großen Gewinner waren die Germanen; für die Römer bedeutete sie eine Katastrophe. Nach diesem Kampf gaben die Römer den Plan, ganz Germanien zu erobern, auf.

Die **Kleidung** der Römer war meist aus Leinen oder Wolle. Das Untergewand, die Tunika, wurde mit anderen Teilen kombiniert. Frauen trugen außerhalb des Hauses oft eine verzierte Stola oder die Palla, einen leichten Mantel. Die Toga, das Obergewand des Mannes, war meist weiß.

Reiche und vornehme römische Frauen legten viel Wert auf **gutes Aussehen**. Das Färben der Haare, das Auflegen von Gesichtsmasken, Schminken und das Frisieren waren für sie nichts Ungewöhnliches.

Zur Unterhaltung der Bürger der Stadt Rom wurden die sogenannten **Spiele** veranstaltet. Oft ließ man Tiere gegeneinander kämpfen. Bei den Gladiatorenkämpfen traten Sklaven und Schwerverbrecher zu einem Kampf auf Leben und Tod gegeneinander an.

Frauen und Männer schmückten sich sehr gern mit **Ringen, Armreifen und Halsketten** aus Gold und Edelsteinen um ihre Macht und ihren Reichtum darzustellen. Eine kunstvoll gearbeitete Spange, die Fibula, hielt die Tunika oder Palla dabei zusammen.

Aquädukt

Spielanleitung: Die Memory-Karten werden gut gemischt und mit der Vorderseite nach unten auf dem Tisch verteilt. Man kann sie in ordentliche Reihen legen oder wild durcheinander. Es geht dann darum, möglichst viele Kartenpaare zu finden, die zusammengehören. Jeder Mitspieler darf reihum zwei Karten aufdecken. Passen sie nicht zusammen, werden sie wieder umgedreht. Doch zuvor sollte sich jeder die Karten gut einprägen. Wer das beste Gedächtnis hat, wird auch die Kartenpaare am leichtesten wiederfinden. Derjenige, der ein Kartenpaar aufdeckt, ist nochmals an der Reihe, so lange, bis er kein Paar mehr findet. Kartenpaare erkennt man auch an den gleichen Buchstaben und Nummern.

Handelsreisen im Römischen Reich

Gib die Ost-West-Ausdehnung und die durchschnittliche Nord-Süd-Ausdehnung des Römischen Reiches in km an.

Ein römischer Kaufmann reist von Ostia aus zu seinen Handelsniederlassungen in Massilia, Karthago, Alexandria und Londinium.
– Trage die Handelswege (Reiserouten) mit einem Farbstift in die Karte ein.
– Nenne die heutigen Ländernamen, in denen sich die Handelsniederlassungen befanden.

– Wie lange war er jeweils unterwegs, wenn seine Handelsschiffe 120 km am Tag zurückgelegt haben?

– In welchen heutigen Sprachen musste sich der Kaufmann jeweils verständigen?

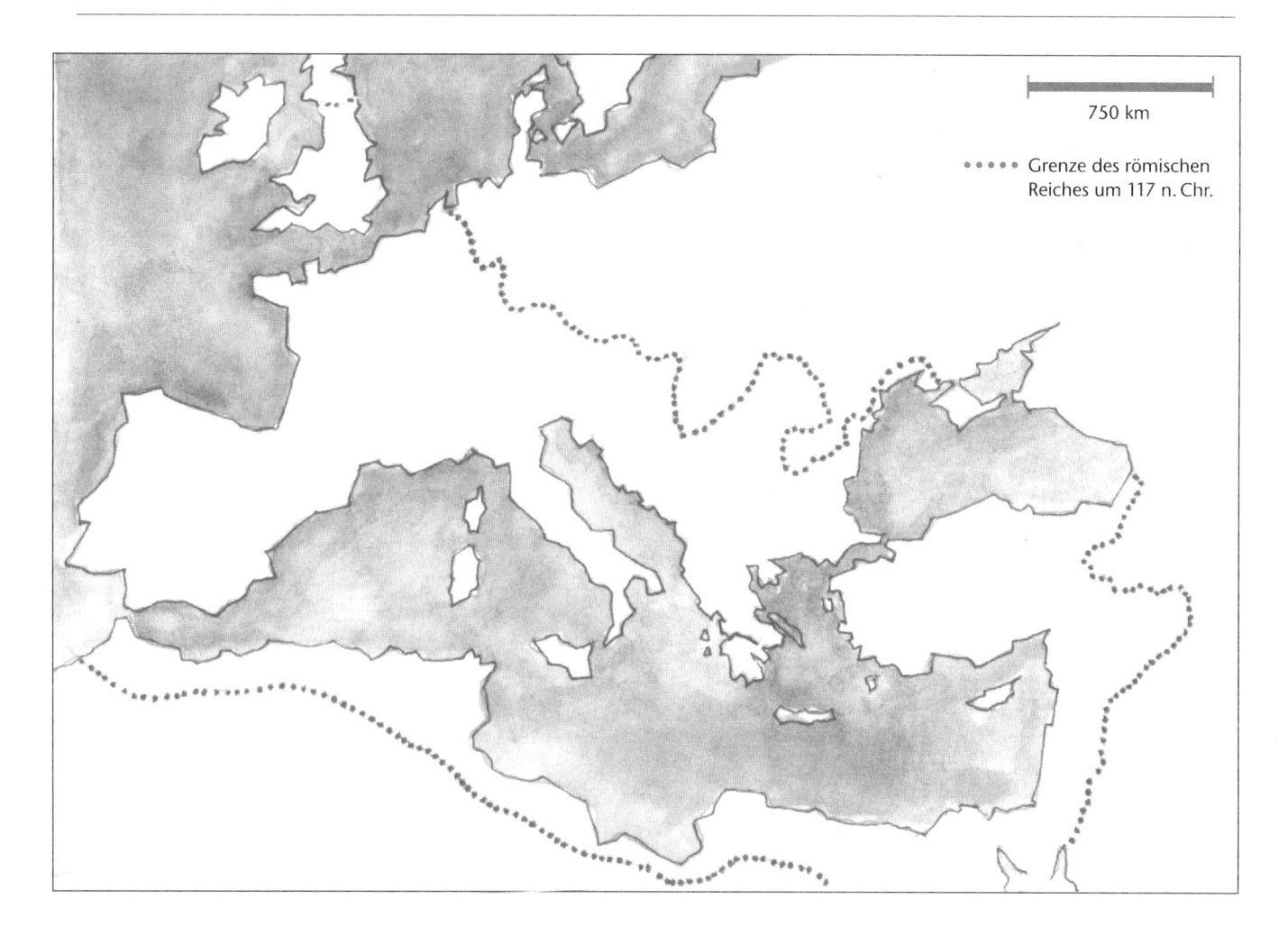

---

750 km

••••• Grenze des römischen Reiches um 117 n. Chr.

Welche Staaten und Inseln gehörten zum Gebiet des Römischen Reiches?

Römische Rechtsgrundsätze

Im Folgenden sollst du römische Grundsätze und Redensarten, vor allem aus den Bereichen des Rechtswesens, ermitteln. Sie sind unvollständig wiedergegeben, indem jeweils ein Wort ausgelassen wurde. Dieses fehlende Wort ist aus der Wörterliste unten zu ergänzen. Eine weitere Hilfe geben dir die vorgegebenen Buchstaben.

1. In _____ I _____ ist immer die wohlwollendere Auslegung vorzuziehen.

2. Bei verbrecherischen Handlungen kommt es auf den Willen an, nicht auf den R_____.

3. Eine ____ R ____ E ____ wird nicht verhängt, außer wenn sie im Gesetz oder in irgendeiner Rechtsvorschrift für diese Straftat besonders angedroht ist.

4. N ____ I _____ S _____ schützt vor Strafe nicht.

5. Wo kein Kläger, da kein _____ T ____.

6. _____ M das Seine.

7. Man soll auch die andere Seite _____ E ____ N ____.

8. Was man _____ S ____ C ____ H ____, das glaubt man gern.

9. Wenn zwei das ____ L ____ E ____ C ____ H ____ tun, ist es nicht dasselbe.

Wörterliste
Anhören – Gleiche – Richter – Zweifelsfällen – Jedem – Nichtwissen – Strafe – Wünscht – Erfolg

Justitia

Wenn es um die Justiz (_____) geht, ist Roberts Vater, Herr Alt, als Rechtsanwalt gefragt. Er hat Jura (_____) studiert. Oft kommt er abends nach Hause und erzählt, was er tagsüber gemacht hat. Zuerst hat Robert überhaupt nicht verstanden, wovon sein Vater gesprochen hat – diese vielen Fremdwörter! Aber inzwischen kennt er sie alle. Sie kommen aus dem Lateinischen, stammen also aus der Römerzeit, hat sein Vater ihm erklärt. Heute hat Rechtsanwalt Alt seinen Klienten (_____) X in einem Prozess (_____) vertreten. Dabei ging es um ein schweres Delikt (_____), nämlich Raub. Herr X hatte Rechtsanwalt Alt das Mandat (_____) für seine Verteidigung erteilt, weil er hoffte freigesprochen zu werden. Aber schließlich hatte Justitia (_____) doch anders entschieden – Herr X musste ins Gefängnis.

Setze in die Klammern im Text die richtigen deutschen Bezeichnungen: *Rechtspflege – Auftraggeber/Kunde – Rechtswissenschaft – Göttin des Rechts – Vertretungsauftrag – Vergehen – Gerichtsverhandlung*

Justitia, die altrömische Göttin des Rechts, ist oben dargestellt. Erkläre, warum sie die Augen verbunden hatte.

_____

_____

Wer war's? Wo war's?

Meistens ging es ihnen schlecht. Viele hatten z. B. als Bauern mit wenig Land oder als Tagelöhner große Mühe für die Familie den Unterhalt zu sichern. Und obwohl die meisten von ihnen im Frieden schwer arbeiteten und im Kriege großen Gefahren ausgesetzt waren, hatten sie in ihrem Staat zunächst nichts zu sagen. Eine ziemlich kleine Gruppe von Landbesitzern hatte sich alle Rechte reserviert. Das aber ließen sich die Armen auf Dauer nicht gefallen. Mit sehr wirkungsvollen Methoden setzten sie sich zur Wehr und gewannen so allmählich immer größeren Einfluss. Am Ende der Streitigkeiten hatten sie zwar mehr Rechte als vorher, waren aber immer noch nicht gleichberechtigt. Sehr viele von ihnen hatten weiterhin Schwierigkeiten, das tägliche Brot zu verdienen. Nur wenige schafften es, ein Leben ohne Not zu führen oder gar zu Wohlstand zu gelangen.

*Wer war's?*_____

Alles liegt dort wegen einer lange zurückliegenden Katastrophe in Trümmern, aber trotzdem fahren jedes Jahr Abertausende von Touristen dorthin, um durch die Ruinen zu gehen. Diese lagen fast 2000 Jahre zugedeckt, unberührt und lange Zeit sogar völlig vergessen. Heute kann man weite Teile begehen. Wissenschaftler lesen in diesen Ruinen fast wie in Büchern und gewinnen so neue Kenntnisse über den Alltag in jener vergangenen Zeit.

*Wo war's?*_____

Sein Vater soll ihn, als er noch ein Junge war, gezwungen haben den Feinden ihres Landes ewige Feindschaft zu schwören. An diesen Schwur hielt er sich sein Leben lang. Mit einer militärischen Aktion, die höchst gefährlich und für damalige Zeiten sensationell war, überraschte er den großen Gegner und führte jahrelang in dessen eigenem Land Krieg gegen ihn; er brachte den Feind schließlich an den Rand des Unterganges und nur unter äußerster Anspannung aller Kräfte konnte dieser nach der schlimmsten Niederlage seiner Geschichte wieder neue Heere aufstellen und schließlich siegen. Diese Nöte und Niederlagen haben die Bürger des feindlichen Landes ihm nie verziehen: Nach dem Ende der Kriege verfolgten sie ihn ohne Gnade. Obwohl er seine Heimat verließ und Zuflucht weit entfernt im Osten fand, spürten sie ihn nach hartnäckiger Suche auf. Aber er fiel seinen Verfolgern nicht lebend in die Hände.

*Wer war's?*_____

Sie war eine Römerin aus einer der feinsten Familien, Tochter eines berühmten Feldherrn in den Punischen Kriegen. An Reichtum und Prunk war sie nicht interessiert, ihre Söhne waren ihr wichtiger als Schmuck. Zwei der Söhne wollten den römischen Staat reformieren. Dass sie scheiterten, war für die Mutter ein großer Schmerz.

*Wer war's?*_____

Er stammte aus einer mittleren Schicht seines Volkes, aber trotzdem gelang es ihm, gegen starken Widerstand in den führenden Kreisen an die Spitze des Staates zu gelangen. Als Feldherr war er, nachdem die Heere unter anderen Führern viele Niederlagen hatten hinnehmen müssen, so erfolgreich, dass er sich einige Jahre an der Staatsspitze halten konnte, obwohl das eigentlich nicht erlaubt war. Seine größte Leistung war die Neuorganisation des Heeres. Damit löste er zwar zunächst ein schweres Problem seines Landes, langfristig schuf er aber neue Schwierigkeiten, die zusammen mit anderen Streitigkeiten zu einer grundlegenden Veränderung des Staates führten.

*Wer war's?*_____

Er wuchs in einer Zeit auf, als immer wieder „starke Männer" – einer war sein Adoptivvater – um die Macht in ihrem Lande kämpften. Schon als junger Mann griff er mit einer Privatarmee in diese Kämpfe ein. Er war nicht zimperlich in seinen Methoden, viele Menschen wurden Opfer seines Ehrgeizes und seines Machtwillens. Zeitweise verbündete er sich auch mit seinen Konkurrenten. Einer dieser Partner wurde aber bald an die Seite gedrängt; der andere schuf sich im Osten weit entfernt von der Hauptstadt eine Herrschaft; so konnte ihn unsere gesuchte Persönlichkeit bekriegen, als ob dieser Konkurrent ein ausländischer Feind sei – das jedenfalls ließ er öffentlich sagen. In der entscheidenden Seeschlacht war er übrigens seekrank und musste die Führung seinem Admiral überlassen. Nachdem er die Herrschaft errungen hatte, zeigte er sich von friedliebenderer Seite und wurde von vielen seines Volkes verehrt.

*Wer war's?*_____

Zwei der gesuchten Persönlichkeiten siehst du oben abgebildet. Finde heraus, welche es sind und von wann bis wann sie gelebt haben.

Römische Rezepte au[s]

Marcus Gavius Apicius lebte zur Zeit des Kaisers Tiberius (14–37 n. Chr.). Er war bekannt als Feinschmecker und Erfinder ausgefallener Gerichte. Er war sehr reich, sein großes Vermögen verprasste er mit riesigen Gastmahlen, bei denen aller Luxus der Zeit gezeigt wurde. Als Apicius merkte, dass sein Vermögen weniger wurde, soll er sich aus Kummer darüber vergiftet haben.

Er hat Kochbücher geschrieben, die im Altertum und auch im Mittelalter gelesen und natürlich auch benutzt wurden. Die Rezepte nachzukochen ist nicht schwer, ihr müsst nur die Mengen der Zutaten ausprobieren, d. h. also immer wieder probieren. Apicius hat nämlich selten Angaben über die Menge und über das Gewicht gemacht. Dadurch wird das Nachkochen zum Experiment!

VORSPEISEN

1. Zucchini auf alexandrinische Art (Cucurbitas more Alexandrino)

Lasse die abgekochten Zucchini abtropfen, bestreue sie mit Salz und lege sie in eine Pfanne. Stampfe im Mörser Pfeffer, Kümmel, Koriandersamen, frische Minze, Salz oder Liquamen (Salz), Datteln und Pinienkerne. Zerkleinere dies gut. Gib dann Honig, Essig, Salz, eingekochten Most und Öl bei und mische es unter. Gieße dann die ganze Mischung über die Zucchini. Lasse alles noch einmal aufkochen, bestreue es mit Pfeffer und serviere.

2. Gedünstete Möhren (Carotae frictae)

Säubere die Möhren und schneide sie sehr klein. Lass sie in wenig Wasser garen. Gieße das Wasser ab, dünste die Möhren dann in Öl und würze sie mit Pfeffer, Salz, Honig, Petersilie und sehr wenig Liebstöckel.
Anstatt Möhren kann man auch Zucchini oder Auberginen nehmen.

HAUPTSPEISEN

1. Soße für gekochtes Huhn

Mische in einem Mörser Dillsamen und getrocknete Minze, gib Essig, Datteln und Liquamen (Salz) dazu, auch ein wenig Senf und Öl, schmecke es mit eingekochtem Most ab und gieße es so über das Huhn.

2. Numidisches Huhn (Pullum Numidicum)

Bereite das Huhn vor, wasche es, koche es, würze es mit Pfeffer und grille es.
Würzsoße:
Stoße Pfeffer, Kümmel, Koriandersamen, Datteln und Pinienkerne im Mörser, gieße Essig, Honig, Salz und Öl dazu und schmecke ab. Wenn die Soße aufgekocht ist, binde sie mit Stärkemehl, begieße das Huhn damit und streue Pfeffer darauf.
Anstatt einem ganzen Huhn kann man auch fertige Hühnerbrust nehmen. Die Hühnerbrust wird dann nicht gegrillt, sondern in der Pfanne mit etwas Öl gebraten.

dem Kochbuch des Apicius

3. Pilze (Fungi)

Man nehme Pilze (am besten Champignons) und serviere sie gekocht, heiß, abgetropft in mit Pfeffer gemischtem Liquamen (Salz).

Soße für Waldpilze (In fungis farneis)

Nimm Pfeffer, Most, Essig und Öl. (Offenbar ein Pilzsalat, zu dem die Pilze ganz kurz gekocht oder roh und aufgeschnitten mit dieser Soße angerichtet werden.)

NACHSPEISEN

1. Pfirsichschale (Patina de persicis)

Besorge dir harte Pfirsiche, schäle sie, schneide sie in Stücke und lasse sie kochen. Dann gib sie in eine flache Schüssel (patina), gieße etwas Öl darüber und serviere mit Kümmelsoße.
Kümmelsoße
Nimm Pfeffer, Liebstöckel, Petersilie, getrocknete Minze, ein Lorbeerblatt, reichlich Kümmel, Honig, Essig, Öl, Salz, einen Esslöffel Wein und rühre daraus eine Soße zusammen.

2. Hausgemachte Süßspeise (dulcia domestica)

Entsteine Datteln und stopfe sie mit Nüssen, Pinienkernen oder gemahlenem Pfeffer. Wälze sie in Salz, brate sie in aufgekochtem Honig und serviere.
(Das Gericht ist sehr schmackhaft mit Nüssen aller Art, auch mit Mandeln. Man nimmt flüssigen Honig, den man in der Pfanne zum Kochen bringt. Die Datteln müssen so heiß wie möglich serviert werden, da die Honigmasse beim Erkalten klebrig wird.)

Wie du siehst, haben die Römer sehr viel Wert auf Gewürze gelegt. Du musst damit recht sparsam sein. In einem Supermarkt oder in einem orientalischen Fachgeschäft erhältst du alle Zutaten. Vielleicht könnt ihr ja zum Essen der von euch zubereiteten Speisen eure Eltern oder eine andere Klasse einladen. Dazu könnt ihr vielleicht eine Speisekarte in alten lateinischen Buchstaben schreiben. Fragt dazu euren Latein- oder Kunstlehrer.

ROM KURIER

XVI.III.XLIV | I Sesterze

Pompeji in Asche erstickt –
Tausende kamen qualvoll um

Marius Lucillus geht vom Lazio Rom nach Inter Londinum

Iden des März:

_____

_____

_____

Marius:

_____

_____

_____

_____

Ihr wollt eine römische Wochenzeitung herausgeben. Sie soll über verschiedene Themen- und Lebensbereiche der Menschen berichten. Über das aktuelle Geschehen in Politik und Wirtschaft, über Kultur (Theater, Literatur, Philosophie etc.), über Lokales und Themen aus den Randzonen des Reiches. Ihr könnt in eurer Klasse verschiedene Redaktionen (z. B. Sport, Politik etc.) bilden und Artikel zu speziellen Themen schreiben. Bilder dazu findet ihr sicher in eurem Geschichtsbuch. Ihr könntet auch eine Bildredaktion in die Bücherei schicken, die passende Bilder zu den Artikeln finden soll. Dann klebt ihr daraus eine „richtige" Zeitung zusammen.
Zur Einstimmung könnt ihr euch für diese Zeitung noch zwei Überschriften zu den Iden des März und zu Marius ausdenken.

ROM KURIER

In diesem noch leeren Satzspiegel (so nennt man die Ordnung, nach der jede Seite einer Zeitung gestaltet wird) kannst du einen Artikel zum Thema Hannibal schreiben. Du kannst auswählen zwischen

– einem Erlebnisbericht von jemandem, der bei der Alpenüberquerung dabei war
– der Rede eines römischen Feldherrn nach dem Untergang von Karthago
– einer Lebensgeschichte Hannibals als einer Art Hintergrundbericht.

Wörterschnecke zur Römischen Geschichte

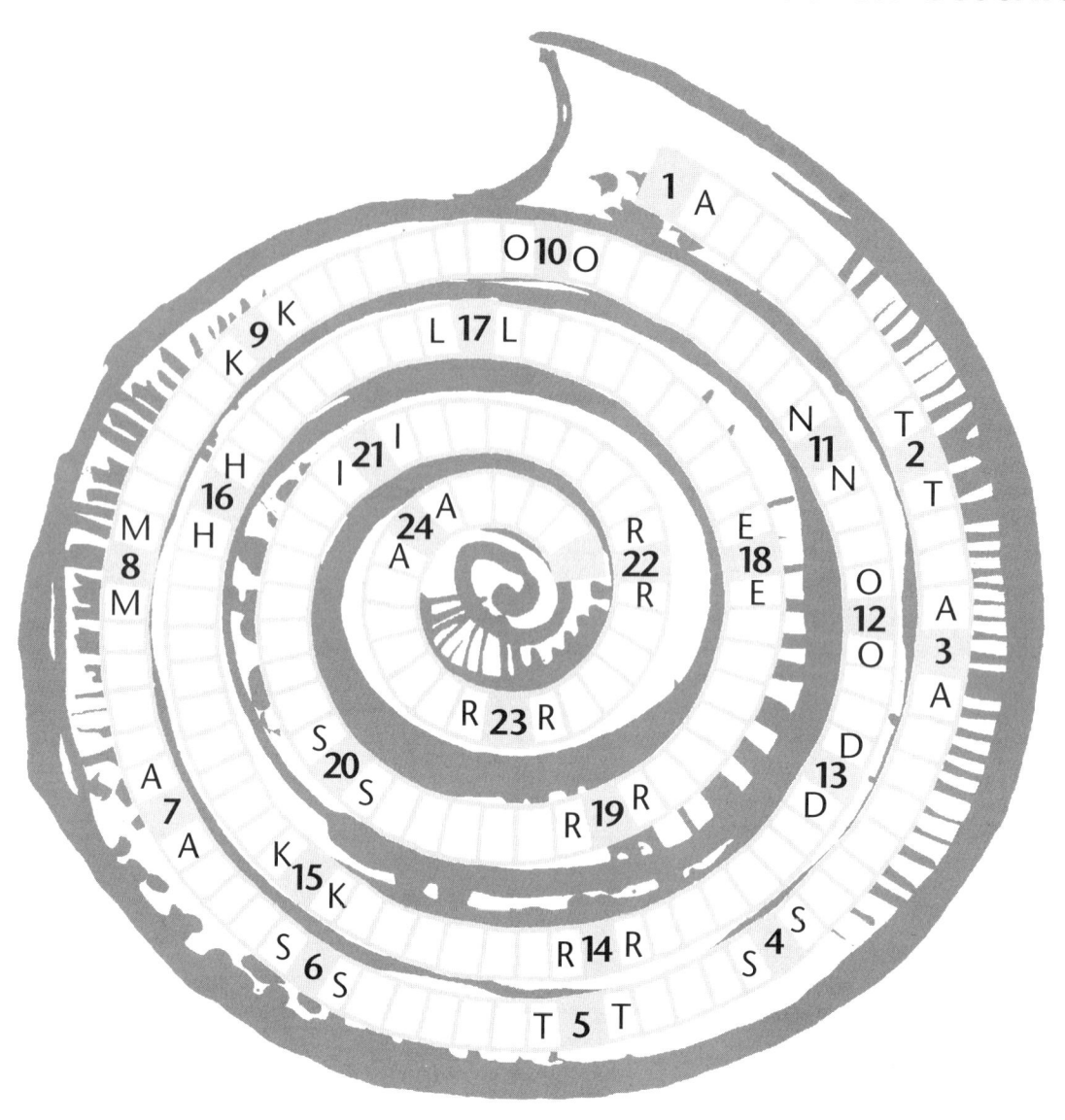

1 Römische Wasserleitung (Brückenkonstruktion)
2 Offizielles Kleidungsstück des römischen Bürgers
3 Kaiserlicher Titel, den Oktavian als Alleinherrscher als erster annahm
4 Er entschied in der Zeit der Republik über wichtige politische, militärische und rechtliche Angelegenheiten
5 Römischer Historiker (55–116 n. Chr.), der ein wichtiges Buch über die Germanen schrieb
6 Feldherr und Politiker (138–78 v. Chr.), der mit Marius in den Bürgerkriegen um die Macht kämpfte
7 Innenhof eines römischen Privathauses, von dem alle Räume zu erreichen waren
8 Aus Steinen, Glasstücken und glasierten Tonscherben zusammengesetztes Bild oder Ornament
9 Stadt an der nordafrikanischen Küste, von den Phöniziern gegründet und später Roms Hauptrivale
10 Bezeichnung für den Teil des Senats, der sich im Gegensatz zu den Popularen zur Senatsherrschaft bekannte
11 Dieser machtgierige Kaiser soll Rom in Brand gelegt und die Christen dafür verantwortlich gemacht haben
12 Berühmter römischer Dichter, der zur Zeit Oktavians lebte. Sein Hauptwerk sind die „Metamorphosen"
13 Hiermit konnte der Senat in Krisenzeiten (etwa während eines Krieges) einen Mann beauftragen
14 Staat ohne König oder Kaiser, „Angelegenheit aller Bürger", röm. Staatsform bis zur Machtübernahme Oktavians
15 Staatsform, an deren Spitze ein einziger Mann stand (z. B. Oktavian nach der Machtübernahme)
16 Karthagischer Feldherr, der 211 v. Chr. vor Rom stand und erst 202 v. Chr. unterlag
17 Diejenigen, die bestimmten Truppeneinheiten des römischen Heeres zugehörig waren
18 Sie bildeten in ihrem Kernland zwischen Arno und Tiber mehrere Stadtstaaten, verloren aber ihre Macht an Rom
19 Einer der beiden sagenhaften Gründer Roms
20 In diesen rechtlosen Zustand gerieten z. B. Kriegsgefangene
21 Lateinisch für Kaiser
22 Er lehrte die Schüler Reden aufzusetzen und überzeugend vorzutragen
23 Herrschaftszentrum der ostgotischen Könige im 5. Jh.
24 Dieser gewaltige Vogel war Symbol für die Schlagkraft der Truppe

Ein Brief aus Rom nach Massilia

Die junge Römerin auf dem Bild sieht sehr nachdenklich aus. Welches Problem wird sie beschäftigt haben, als sie Griffel und Schreibtafel in die Hand nahm?
Der erste Abschnitt auf ihrer Wachstafel könnte folgendermaßen lauten:

Cornelia an Sabina

Seit meiner letzten Nachricht an dich, liebe Sabina, ist es nun wirklich Frühling bei uns in Rom und ich kann jetzt wieder mit Faustinus (gemeint ist einer der Hausklaven) Besuche bei meiner Großmutter machen. Neulich bin ich dabei Zeugin von etwas Aufregendem geworden: einem Straßenkampf. Viele Menschen hatten sich versammelt und schlugen mit großem Geschrei aufeinander ein. Ich konnte das alles nur aus der Ferne sehen, denn als wir um die Ecke bogen und das Getümmel und Geschrei bemerkten, hat mich Faustinus ganz schnell weggezogen. Aber ich habe dann doch erfahren, worum es ging. Unser Stadtpräfekt Pedanius Sekundus ist vorgestern von seinem eigenen Sklaven ermordet worden. Nun sollten seine gesamten Sklaven öffentlich hingerichtet werden, wie das immer in solchen Fällen geschehen ist. Aber denk dir, eine Menge Leute, auch solche, die selbst gar keine Sklaven waren, fanden das ungerecht. Sie wollten die Sklaven des Pedanius schützen und versuchten, die Hinrichtung mit Gewalt zu verhindern. Ich war ganz erschrocken über den Vorfall und habe Vater gefragt, wie er das findet.
Er hat mir gesagt, auch im Senat seien die Meinungen geteilt: einige fänden es falsch, wenn so viele Unbeteiligte wegen der Tat eines Einzelnen getötet würden. Aber andere erklärten, zur Abschreckung müsse das so gemacht werden, wie man es früher immer getan hätte, und im Übrigen seien Sklaven ja bloß Sachen. Ich wäre jetzt gern Senatorin, dann ...

Hier bricht der Text leider ab, weil das Wachstäfelchen voll geschrieben war. Lies dir den Vorgang, den uns Tacitus überliefert hat, im Kapitel „Die Römer und ihre ‚lebenden Werkzeuge'" gründlich durch und setze den Brief fort, in dem du das Urteil des Senats aufschreibst. Wie findet ihre Freundin Sabina wohl das Urteil? Schreibe auf, wie sie ihre Meinung begründen könnte.

Der Senat fällte folgendes Urteil:

Was meint Sabina zu dem Brief von Cornelia?

Vom Homo sapier

Was gehört zu welcher Zeit?

Versuche, alle Bilder der nächsten Seite den einzelnen Zeiten und den angegebenen Spalten I, II und III zuzuordnen. Manche Bilder kennst du aus deinem Geschichtsbuch, andere musst du genau betrachten um dir Bekanntes zu entdecken. Wenn du alle Bilder richtig zugeordnet hast, ergibt jede Spalte – von oben nach unten gelesen – den Namen eines Gottes. Vorsicht, es sind auch zwei falsche Bilder abgedruckt worden.

Trage den Buchstaben des jeweiligen Bildes im richtigen Feld ein. Du kannst dir auch ausnahmsweise die Bildseite kopieren, dann die Bilder ausschneiden und an der richtigen Stelle in der Tabelle einkleben.

Zeit	Arbeitsgeräte Arbeitsweise	I	II	III
40 000 v. Chr.				
10 000 v. Chr.				
1700 v. Chr.				
ca. 1400 v. Chr.				
ca. 500 v. Chr.				
ca. 100 n. Chr.				

...u Octavianus Augustus

Beachte: Zwei Bilder gehören nicht zu diesen Zeitepochen!

I – I	III – G	II – E
II – A	I – R	II – E
I – S	III – R	I – O
II – N	III – M	III – S
I – S	III – F	III – A
II – H	II – T	I – I

Falsch oder richtig? Professor Schwafelius erklärt

Professor Schwafelius, der sich selbst als Altertumsspezialist bezeichnet, hält eine begeisterte Ansprache über die Möglichkeiten einer allerneuesten Zeitmaschine, nicht größer als ein Fotoapparat, mit der er eine Reise ins Imperium Romanum gemacht hat. Hier ein Ausschnitt seiner Rede:

„Als ich zum Lager der römischen Truppen am Oberlauf der Mosel kam, das Colonia Claudia Ara Agrippinensis heißt, musste ich wirklich staunen. Meine Damen und Herren, Sie glauben gar nicht, wie weit die Romantisierung dort schon fortgeschritten ist. Die Soldaten errichteten gerade eine Statue des Herrschers Antonius, weil er dem Römischen Reich endlich Frieden gebracht hat. Den dortigen Tempel für den Göttervater Junius Caesar konnte ich leider nur kurz bewundern, denn ich war mit einem gelehrten Freund in Südgallien verabredet. Dort erlebte ich eine großartige Vorstellung in einem Aquädukt. Die Schauspieler waren ausgezeichnet. Sie spielten ein Stück über Cleopatra, die berühmte Gemahlin des Echnaton, der bei uns Wissenschaftlern Amenophis IV. genannt wird. Ja, ja, wir Gelehrten müssen uns viele Namen und Orte merken", schließt er und blickt stolz in die Runde.

Einige der Zuhörer blicken ihn bewundernd an. Aber IHR habt bestimmt schon durchschaut, dass es mit der Merkfähigkeit dieses „Altertumsspezialisten" nicht sehr weit her ist …

Streicht seine Fehler rot an und korrigiert sie folgendermaßen:

1. Die Stadt, die Schwafelius zuerst besucht, heißt

2. Fortgeschritten war in Teilen Galliens die

3. Der Herrscher, der dem Reich den Frieden brachte, hieß

4. Der Göttervater heißt bei den Römern

5. Schwafelius sah eine Vorstellung in einem

6. Die berühmte ägyptische Herrscherin ist

Wenn ihr alles richtig beantwortet habt, ergeben die Anfangsbuchstaben eurer Korrekturen den Namen eines mächtigen Römers. Es ist:

Ihr findet einige Hinweise über ihn im Verzeichnis am Ende des Geschichtsbuches. Wenn ihr ein Lexikon dazunehmt, bekommt ihr Informationen, wodurch er besonders berühmt wurde. Fügt es hinzu:

Er lebte in den Jahren:

Kleider machen Leute

Kann man die Leute an den Kleidern erkennen? Manchmal schon, wenn auch nicht vollständig. Wer sich auskennt, kann Menschen anhand ihrer Kleidung verschiedenen Epochen, Berufen oder Ständen zuordnen. Willst du es einmal versuchen?

1. Schreibe zu den Bildern die jeweilige Zeitepoche. Bei den meisten Bildern weißt du bestimmt auch den Beruf oder den gesellschaftlichen Stand und kannst die Kleidung oder Teile davon benennen.
2. Schneide das Blatt an der gestrichelten Linie entlang ab und dann die Bilder mit den Unterschriften aus. Hinter den Rest dieser Seite kannst du ein weißes Blatt Papier kleben. Darauf (also auf die Rückseite dieses Blattes) klebst du die Figuren chronologisch geordnet untereinander auf. Schneide danach auch die dargestellten Gegenstände aus und klebe sie zu den Personen, zu denen sie passen.
3. Suche aus heutigen Zeitschriften Bilder von Kleidung und Schmuck heraus, die Ähnlichkeit mit der Kleidung aus früheren Zeiten haben, und klebe sie daneben.

Epoche _____ Epoche _____ Epoche _____

Beruf/Stand _____ Beruf/Stand _____ Beruf/Stand _____

Kleidung _____ Kleidung _____ Kleidung _____

Epoche _____ Epoche _____ Epoche _____

Beruf/Stand _____ Beruf/Stand _____ Beruf/Stand _____

Kleidung _____ Kleidung _____ Kleidung _____

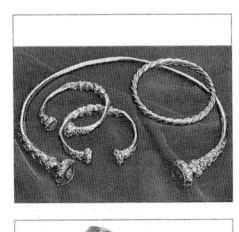

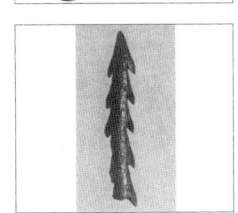

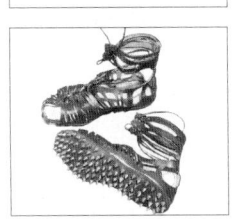

© Ernst Klett Verlag Stuttgart 1996. Vervielfältigung durch Fotokopie u. a. nur bei vorheriger Zustimmung des Verlages gestattet.

51

So spielten früher die Römer

Die Kinder im Römischen Reich kannten genauso viele Spiele wie die in Athen und in anderen griechischen Städten. Oft brachten Seefahrer und Kaufleute Spiele von den Besuchen in fremden Städten mit. Beliebt waren Gedulds- und Glücksspiele. Ihr könnt sie nachspielen. Vielleicht trefft ihr euch an einem Nachmittag in der Schule und fühlt euch so wie ein römisches Kind in Rom, Capua, Ostia oder Pompeji. Einige Spiele kommen dir bestimmt bekannt vor.

Par – Impar (gerade – ungerade)

Zwei Spieler stehen sich gegenüber. Der eine hält in der rechten Hand einige kleine Gegenstände, die er in seiner Faust so versteckt, dass der andere sie nicht erkennen kann (z. B. Nüsse, Bohnen, Hölzer). Der Mitspieler muss nun raten, ob sich eine gerade oder ungerade Zahl von Gegenständen in der Hand befindet. Dann ist der andere an der Reihe und muss ebenfalls raten. Die römischen Kinder spielten meist um Nüsse. Ihr könnt natürlich auch um andere Gegenstände spielen. Jeder der beiden Spieler hat am Anfang die gleiche Anzahl von Nüssen. Wer richtig geraten hat, bekommt von dem anderen Spieler eine Nuss. Verlierer ist der, der als erster keine mehr hat.

Micare – Digitis

Micare ist ein Spiel für zwei Personen, das so ähnlich gespielt wird wie unser Schnick-Schnack. Der Name bedeutet „die Finger schnellen lassen". Die Römer liebten dieses Spiel sehr, noch heute wird es in Italien unter dem Namen „Morra" gespielt. In Rom wurde Micare eine Zeitlang verboten, weil um Geld gespielt wurde.

Hier sind die Regeln:
Zwei Spieler stehen sich gegenüber. Die rechte Hand ist zur Faust geballt. Auf Kommando „eins, zwei" schwingen sie die Faust vor ihrem Körper hin und her. Auf das Kommando „drei" zeigt jeder Spieler eine beliebige Fingeranzahl und ruft gleichzeitig eine Zahl, die angeben soll, wie viele Finger er und sein Mitspieler zusammen zeigen werden. Wer richtig geraten hat, bekommt einen Punkt. Die Gewinnpunkte zeigt jeder Spieler für sich mit der erhobenen linken Hand an. Wer als erster fünf Punkte gewonnen hat, ist Sieger.
Bei diesem Spiel ist es wichtig, dass es so schnell wie möglich durchgeführt wird.

Ludus duodecim Scriptorum (Zwölfpunktespiel)

Das Spiel kann von zwei Spielern gespielt werden. Ihr müsst euch aber das Spiel zuerst basteln. Dazu nehmt ihr einen großen weißen Karton, zeichnet das Spielfeld auf und schneidet es aus. Wie groß es werden muss, könnt ihr der Zeichnung entnehmen. Als Spielsteine könnt ihr Figuren aus dem Mensch-ärgere-dich-nicht-Spiel nehmen. Die beiden äußeren Reihen des Spielfeldes sind die eigentlichen Spielfelder. In der mittleren Reihe stehen die Figuren zu Beginn des Spiels in Wartestellung. Jeder Spieler hat 12 Spielsteine, d. h. auf jedem Feld stehen zwei Steine. Ziel des Spiels ist es, alle Steine vom rechten Feld der oberen Reihe gegen den Uhrzeigersinn bis über das letzte Feld rechts unten zu führen (I bis XXIV).

So wird es gemacht:
Die Spieler würfeln abwechselnd mit zwei Würfeln. Nach dem Wurf kann dann der Spieler wählen, ob er mit einem Stein so viele Felder weitergehen will, wie die beiden Würfel zusammen ausmachen, oder ob er mit je einem Stein die Augenzahl je eines Würfels vorrücken will. Ein Stein, der alleine auf einem Feld steht, kann von einem Stein der anderen Farbe hinausgeworfen werden und muss wieder auf ein Startfeld zurückgestellt werden. Stehen aber zwei oder mehr Steine einer Farbe auf einem Feld, so ist es für die andere Farbe gesperrt.
Nach einem Pasch (zwei gleiche Zahlen auf den Würfeln) darf noch einmal gewürfelt werden.
Gewonnen hat der, dessen Steine zuerst das ganze Feld durchlaufen haben. Am Schluss des Feldes darf mit beliebiger Zahl über das Ende hinausgezogen werden.
Schwieriger wird das Spiel, wenn man es mit drei Würfeln und je 15 Spielsteinen spielt.

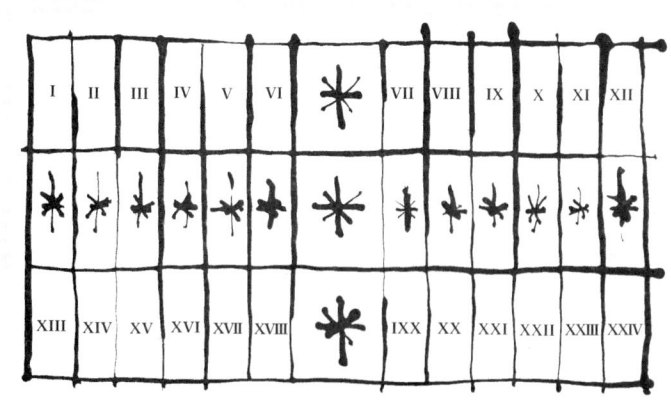

52

Titus wird Stadtführer in Rom

Eines Abends wird der 11-jährige Titus Tertius zu seiner Mutter gerufen. Sie erklärt ihm: „Dein Onkel Antonius hat uns eine Botschaft geschickt. Er möchte uns besuchen. Du weißt ja, dass er lange in Messina wohnte und nun seit vier Jahren in Alexandria lebt, wo er viel Erfolg mit seinen Handelsschiffen hat. Seine Frau und Lydia – sie ist etwa so alt wie du – begleiten ihn und möchten, dass du ihnen die Stadt zeigst. Notiere also schon einmal die Punkte für eine Stadtführung."
Titus zieht heimlich eine Grimasse. Pläne aufschreiben findet er grässlich, denn er hat arge Probleme mit der Rechtschreibung. Und bei dem langweiligen Vortrag des Lehrers Andronicus über die Geschichte Roms hat er heimlich mit seinem Freund Flavius ein neues Würfelspiel ausprobiert. Aber der Lydia will er schon beweisen, dass Rom viel toller ist als Alexandria!
Nach einigem Stöhnen hat er sechs Punkte notiert:

1. Coloseum: Das Bauwerk ist so groß, weil hier täglich 10 000 Prolletarier ihre Getreidespende bekommen.

2. Forrum Romanum: Dies ist ein Versammlungsplatz mit mindestens 1000 Jahre alten Tempeln.

3. Termen: Hier machen wir immer Schwimmwettkämpfe. Ich war schon einmal Sieger und durfte im Hafen von Osstia eine Rundfahrt mitmachen.

4. Das Standbild der Wölfin: Sie ist das Wahrzeichen unserer Stadt und steht auf dem Kappitol, das ist einer von den 100 Hügeln, auf denen Rom gebaut wurde.

5. Pallatinhügel: Da müssen wir unbedingt hin, von hier regieren nämlich die Kaiser unser Immperium. Von hier aus kann man auch unsere berühmten Straßen sehen, die Via Apia und die Via Flamminia.

6. Circus Maximus: Hier kämpfen die Gladiatoren manchmal mit 100 Krokodilen auf einmal.

In seinen Notizen hat Titus einige römische Bezeichnungen falsch geschrieben (insgesamt zehn); außerdem sind vier seiner Erklärungen ziemlich falsch. Findest du alle seine Fehler? Trage die Nummer für die Sehenswürdigkeiten im Modell an der richtigen Stelle ein.
Findest du auch noch Sehenswürdigkeiten heraus, die Titus nicht auf seiner Liste hat?

_____

_____

_____

Zum Aquädukt oder der Cloaca maxima hätte Titus gern noch etwas notiert, denn darauf sind alle Römer mächtig stolz. Jeder Besucher Roms wird über diese technischen Meisterleistungen staunen.
Wie würdest du sie kurz (aber richtig!) erklären?

Aquädukt:

_____

Cloaca maxima:

_____

_____

Menschen und Bauwerke

Die meisten Bilder kennst du aus dem Geschichtsbuch oder findest sie dort. Den dazugehörigen Begriff sollst du zusammen mit den bereits vorgegebenen Buchstaben ergänzen. Die Buchstaben in den grauen Feldern musst du der Reihe nach von oben nach unten in die Spalte „Lösungswort" eintragen. Wenn du alles richtig gemacht hast, ergibt das Lösungswort einen Begriff aus der Antike, der auch heute noch bedeutsam ist.

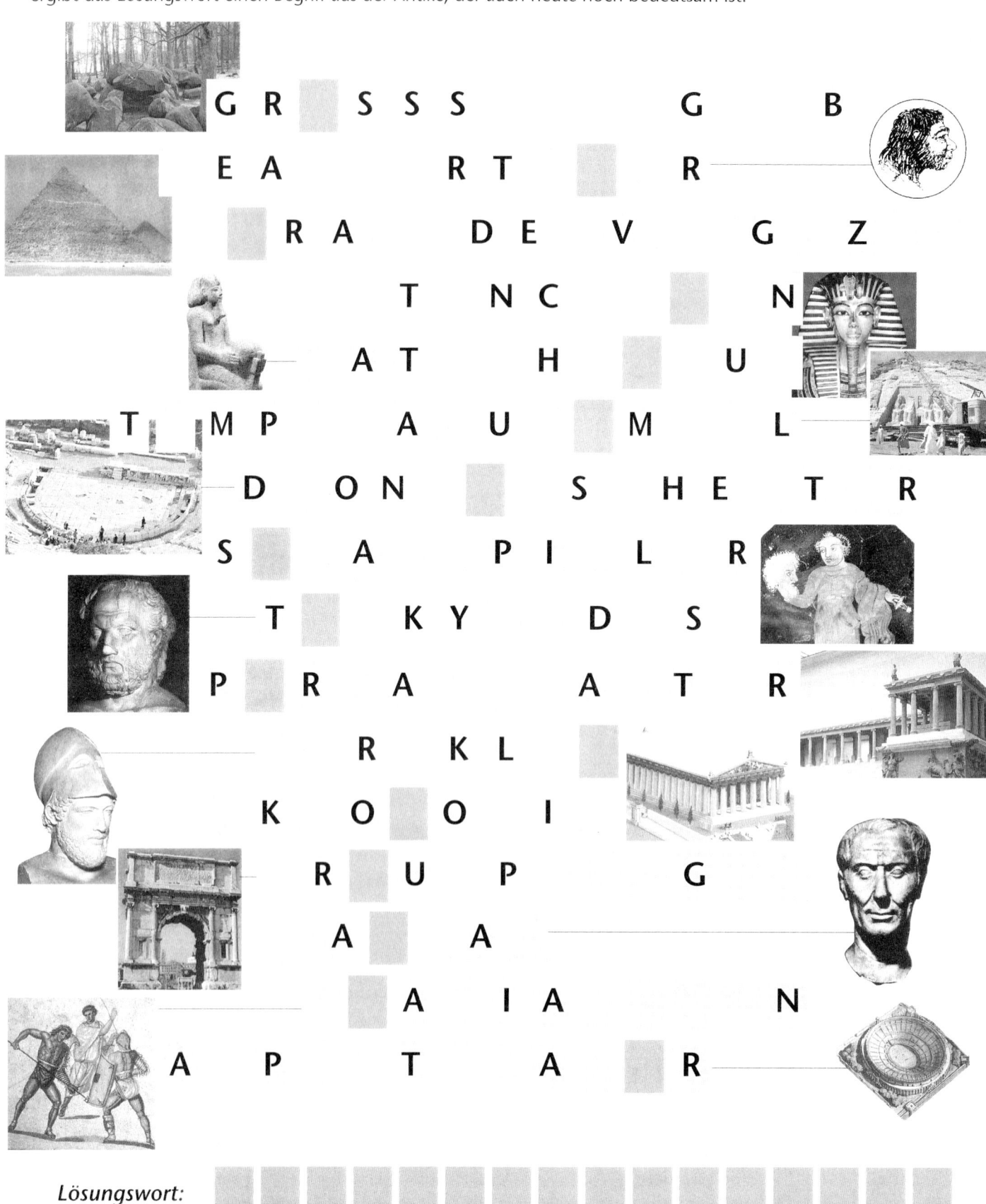

Lösungswort:

Wer hilft Publius Petronius Jucundus?

Publius Petronius Jucundus war auf Geschäftsreise. Er wollte seinen Handel mit Bronzewaren, Gläsern und wertvollem Keramikgeschirr ausweiten und noch andere Luxusartikel in das Sortiment aufnehmen. Dabei hoffte er auf ein gutes Geschäft in den Provinzen am Rande des Römischen Reiches, denn er dachte: „Den Germanen gefallen diese kostbaren Sachen bestimmt. Den römischen Luxus wissen sie schon zu schätzen."

Publius war aber ein vorsichtiger Kaufmann. Darum wollte er zuerst einmal auskundschaften, ob mit den Germanen tatsächlich ein gutes Geschäft zu machen wäre. Zu Hause in Messina wartete sein Schwiegersohn Tullius Severus Pulcher auf Nachricht von ihm. Tullius wollte in das Geschäft einsteigen. Gemeinsam würde eine Vergrößerung des Handels leichter fallen.
Publius war seit zwei Tagen in der Grenzprovinz Ufer-Noricum, als er seinen Bericht nach Messina schrieb – auf ein Stück Papyrus. Der Tag war anstrengend gewesen, Publius war nach dem Schreiben schon sehr müde. Trotzdem wollte er den Brief noch einmal durchlesen. Dabei nickte Publius ein. Zu spät merkte er, dass die Öllampe umgefallen war. Hässliche Brand- und Ölflecke machten Teile seines Berichts unleserlich. Trotzdem warf er ihn nicht kurzerhand weg. Er nahm sich vor, den verdorbenen Text am nächsten Tag wieder herzustellen und den Brief neu zu schreiben.

Hier findest du den beschädigten Brief. Schau ihn dir an. Vielleicht könntest du Publius Petronius Jucundus ein wenig helfen die fehlenden Wörter, Wortteile und Satzbrocken richtig zu ergänzen.
Eine Hilfe kann dir das Buch geben, hier kannst du im Kapitel „So lebten die Menschen in den bedrohten Provinzen" darüber nachlesen.

Publius Petronius Jucundus grüßt Tullius Severus Pulcher
mein lieber Schwiegersohn, ich bin nun seit einigen Tagen i___ -Noricum. Weißt Du eigentlich genau, wo es liegt? Es ist das Land zwischen den ___n, dem ___ der Donau.

Dass die Provinz nicht mehr ___ und blühend sein würde, wie sie es früher war – damit hatte ich zwar gerechnet. Schließlich versuchen ___ immer wieder sich hier festzusetzen. Aber dass es in dieser ___ schlimm zugeht, das hätte ich nicht für möglich gehalten. Hier werden wir kaum Käufer für unsere teuren Waren finden: ___ sind so wild, dass ich mir nicht vorstellen kann, dass sie Geschirr aus glasierter ___ der kostbare Gewandstoffe haben wollen. Für sie müssten wir mit Sch___deln. Und die Provinzbevölkerung – ach, die ist so arm, daß sie nicht einmal genug zu essen hat. Stell Dir vor, in diesem fruchtbaren Lan___ herrscht Hungersnot. Wer noch was ergattern kann, der hamstert.
___ die uns Sicherheit geben könnten, gibt es hier auch nicht mehr. Nur eine kleine Gruppe hatte sich bis vor kurzem in Passau gehalten. Unsere bewährte römische Ver___g ist auch zusammengebrochen.
Es gibt nur einen Mann hier, den die Provinzbevölkerung und die Ge___en gleichermaßen achten und auf den sie hören. Das ist aber kein Beamter und auch kein Offizier, sondern ein Mönch. ___ heißt er. Alle kennen ihn hier. Jeder erzählt von ihm. Er ___ Lebensmittel, bringt Zivilisten in ___eit, verhandelt mit den A___manischen Stämme. Aber mit ihm und den wenigen Mönchen, die ihn begleiten, werden wir keine Geschäfte machen können; er würde höchstens nur verlangen, dass wir unsere Waren an die Ärmsten der Arm___nken.
Lange wird es wohl mit der Provinz nicht mehr gehen. Man spricht schon heimlich davon, dass die restli___rung nach Italien in Sicherheit gebracht werden soll. Als ob dort das Leben so sicher wäre!! Immerhin würde das bedeuten, dass die Provinz früher oder später aufgegeben wird.
Morgen reise ich in Richtung Pannonien weiter. Lebe wohl!

Der römische Schuster und das Fußbett

Wussten eigentlich die römischen Schuhmacher, dass ein gesunder Schuh ein Fußbett haben muss?
Sieh mal nach, aber lass dich nicht aufs Glatteis führen!
Schneide das Blatt an der gestrichelten Linie ab und klebe dann ein neues DIN-A4-Blatt hinter den Rest dieser Seite, damit du Platz hast, die sechs Schuhe richtig zusammenzusetzen.

Der unordentliche Archäologiestudent

Er hat gelernt, dass Archäologie eigentlich ein großes Puzzlespiel ist. Seither macht er mit Vorliebe Puzzlespiele. Und wenn es nichts zum Zusammensetzen gibt, dann bringt er etwas so durcheinander, dass das Wiederherstellen der Ordnung auch zum Puzzle wird. Heute ist der Schatzfund von Köngen an der Reihe! Aber Vorsicht, unserem unordentlichen Studenten ist noch etwas anderes zwischen die römischen Münzen geraten …
Auch dies Blatt kannst du an der gestrichelten Linie abschneiden, die Puzzleteile ausschneiden und auf einem DIN-A4-Blatt zusammenfügen, das du hinter den Rest dieser Seite klebst.

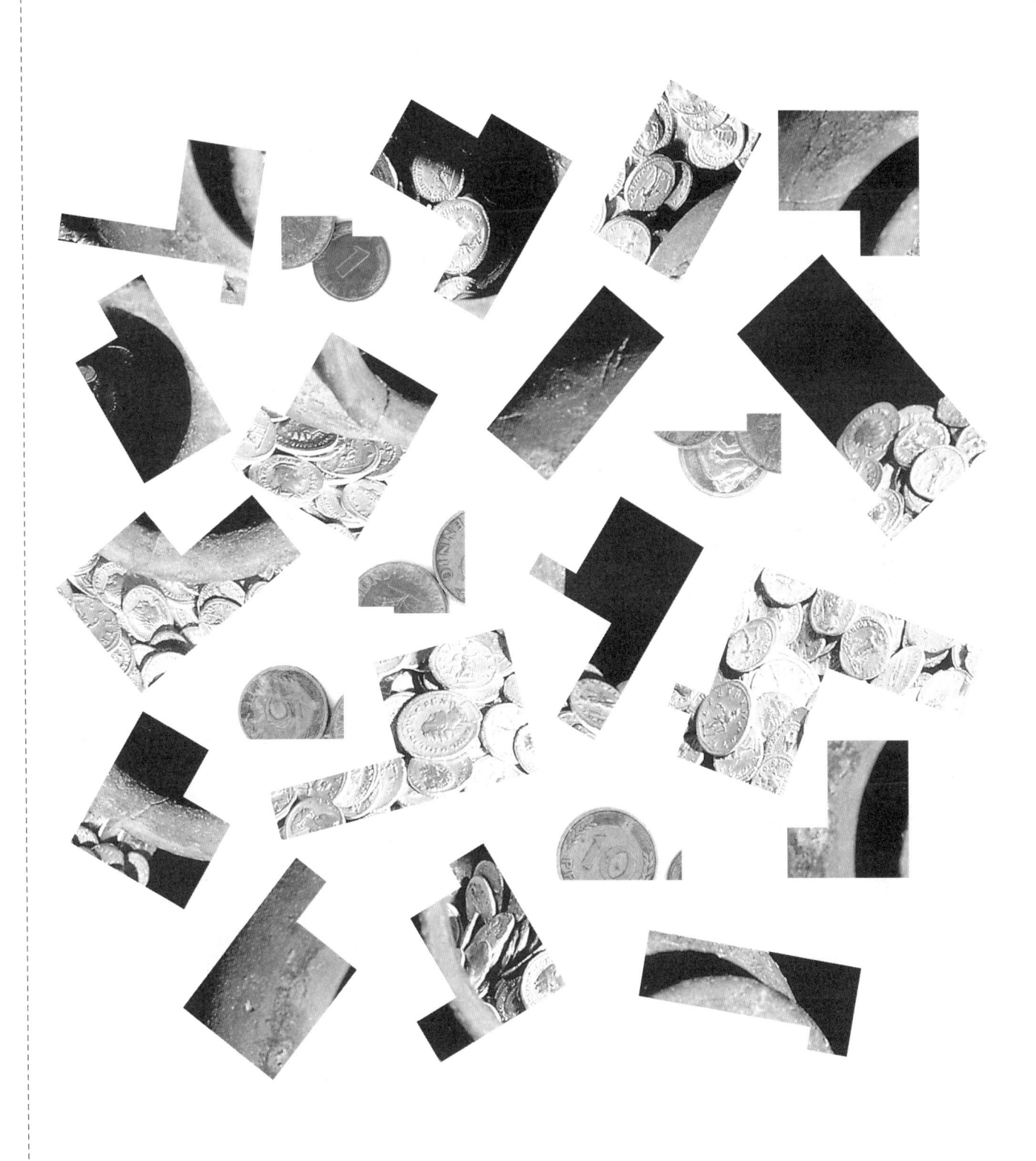

© Ernst Klett Verlag Stuttgart 1996. Vervielfältigung durch Fotokopie u.a. nur bei vorheriger Zustimmung des Verlages gestattet.

Spätantikes Etappenrätsel

Das hier ist ein Rätsel in zwei Etappen.
Wie bei der Tour de France soll auch hierbei ein Gesamtsieger ermittelt werden. Ein Sieger wird mit einem Preis belohnt. Was könnte der Preis sein? Legt ihn selbst fest – vielleicht zusammen mit eurem Lehrer/eurer Lehrerin.
Mögliche Preise:
1. Befreiung von den nächsten Hausaufgaben im Fach Geschichte
2. ein Stück Kuchen
3. ein Kinobesuch ...

Einer gibt das Startzeichen:
Zunächst müssen alle 14 Aufgaben gelöst werden. Die Anfangsbuchstaben der gesuchten Begriffe ergeben von oben nach unten gelesen das Lösungswort. Es handelt sich um einen Begriff aus der Spätantike.
Jetzt folgt die zweite Etappe:
Das Wort muss erklärt werden, es gibt ein Bild dazu im Buch. Außerdem muss der Grund für die Entstehung des Begriffs gefunden werden. Dabei hilft dir dein Geschichtsbuch.

1.

1. Der Mönch, der für die bedrohte Grenzbevölkerung sorgte, hieß __ __ V __ __ __ __ .

2. Das Römische Reich wurde nicht nur von Norden und Süden bedroht, sondern auch von __ __ __ E __ .

3. Eine Grenzbefestigung des Römischen Reiches hieß __ __ __ __ S .

4. Die Nordgrenze der Provinz Ufer-Noricum bildete die __ __ __ A __ .

5. Aus der Westhälfte des Römischen Reiches wurde das __ __ __ __ D __ __ __ __ .

6. Manche Römer versteckten ihren Münzschatz in einem Gefäß aus __ __ N .

7. Von der Not an den bedrohten Grenzen berichtet uns ein Mann namens __ __ G __ __ __ .

8. Ufer-Noricum war ein Teil der Provinz __ __ __ __ C __ __ .

9. Ausgräber fanden in Württemberg einen Münzschatz im Kastell __ __ __ G __ __ .

10. Die Ersten, die die Reichsgrenze überrannten, waren die __ __ __ __ __ N __ __ .

11. Seit dem 7. Jh. gibt es im Mittelmeerraum eine neue Religion, den __ __ L __ __ .

12. Viele Bürger des Römischen Reiches litten in der Spätantike unter den hohen __ __ __ __ __ R __ .

13. Die lateinische Sprache ist ein römisches __ __ __ E .

14. Ein Stamm, der die Provinz Ufer-Noricum bedrohte, waren die __ __ __ __ E __ .

Das Lösungswort lautet: __ __ __ __ __ __ __ __ __ __ __ __

2. Der Begriff _____ entstand aus folgendem Grund:

_____

_____

_____

_____

Silbengewächs

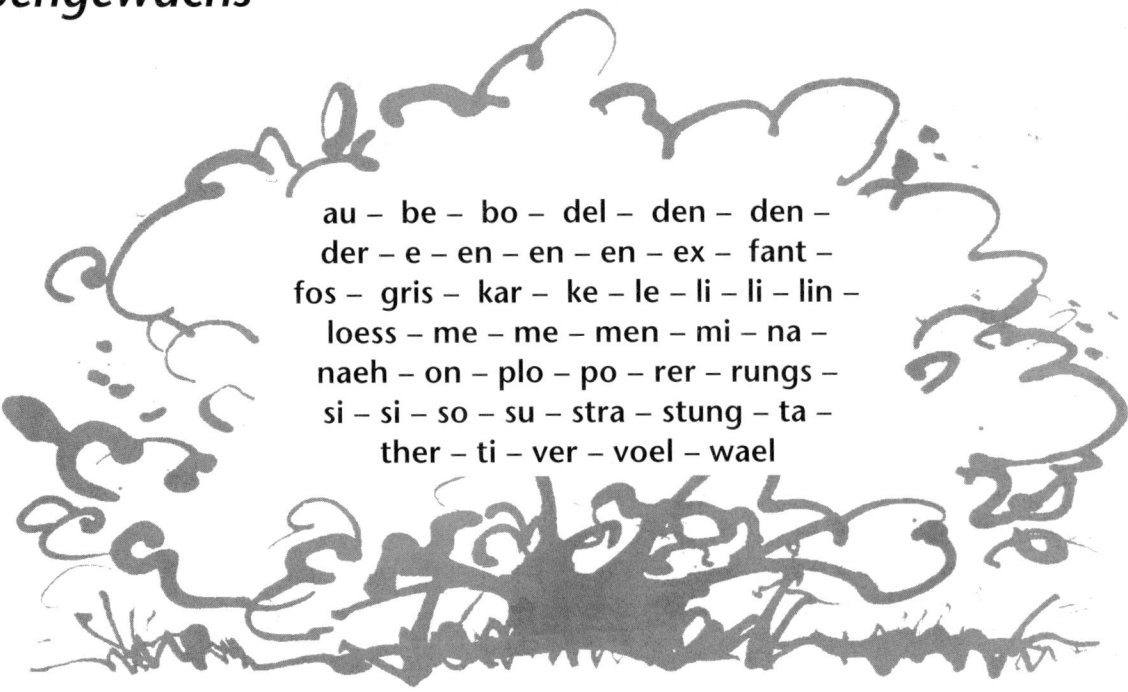

au – be – bo – del – den – den –
der – e – en – en – en – ex – fant –
fos – gris – kar – ke – le – li – li – lin –
loess – me – me – men – mi – na –
naeh – on – plo – po – rer – rungs –
si – si – so – su – stra – stung – ta –
ther – ti – ver – voel – wael

Diese Silben brauchst du zur Beantwortung der folgenden Fragen. Umlaute sind mit zwei Buchstaben geschrieben.

1. Ihn bevorzugten die Bauern der Jungsteinzeit um darin Getreide zu säen.
2. Dieses große Tier hat sich beim Klimawechsel in der Vergangenheit mehrfach verändert.
3. Sie verschwanden in West- und Mitteleuropa seit der Jungsteinzeit.
4. Auf diesem Kontinent leben heute noch geringe Reste einer Urbevölkerung wie in der Altsteinzeit.
5. Dieses Land zwischen zwei Strömen litt stark unter der Versalzung der Böden.
6. Liebhaber der Vorzeit sammeln diese vor Jahrmillionen versteinerten Lebewesen.
7. Davon sprechen wir, wenn der „Holzhunger" die Böden so geschädigt hat, dass keine Pflanzen mehr dort wachsen.
8. Sie hinterließen Tontafeln, auf denen in Keilschrift Regeln festgehalten sind, wie man gute Ernten erzielt.
9. Auf diese Einrichtung für Gesundheit und Gesellschaft waren die Römer sehr stolz.
10. Dies ist eines der drängendsten Umweltprobleme in unserer Gegenwart und Zukunft.
11. Das war eine kleine, aber wichtige Erfindung in der Altsteinzeit.
12. Dieser Fluss im Zweistromland hatte besonders salzhaltiges Wasser.

Wenn du die Buchstaben in den markierten Kästchen von oben nach unten liest, ergibt sich ein Begriff, der für die Fruchtbarkeit der Böden in Ägypten und im Zweistromland eine große Bedeutung hatte, aber auch schädliche Folgen haben konnte.

Lösungswort:

Historische Silbenschlange

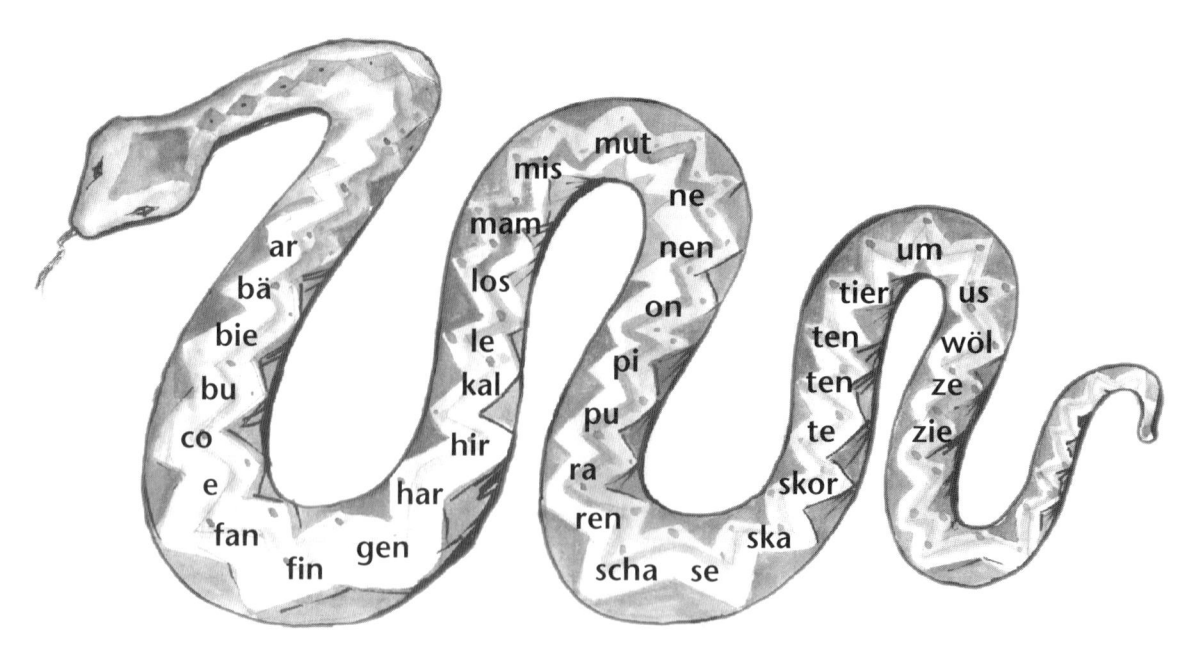

Diese Silbenschlange soll dich an die Tiere erinnern, die auch zur menschlichen Geschichte gehören. Sie geraten im Geschichtsunterricht oft in Vergessenheit. Wenn du die Fragen richtig beantwortest, erfährst du durch die markierten Buchstaben, welche Rolle die Schlange in der Familie des Aemilius Lepidus spielte, von dem im Buch im Kapitel „Was machte die Römer zu Römern?" berichtet wird. (Für Umlaute nur je ein Kästchen)

1. Dieses Insekt brachte nach Meinung der Ägypter Glück. ☐

2. Hier wurden zum Vergnügen des Publikums Tiere getötet. ☐

3. Damit wurde schon in der Altsteinzeit gefischt. ☐

4. Im Eis Sibiriens blieb dieses Tier erhalten. ☐

5. Diese Tiere nannte man „Panzer der Antike". ☐

6. Die Sumerer brauchten dieses Tier bei der Feldarbeit. ☐

7. Diese Tiere hatten einen gefährlichen Appetit auf Triebe junger Bäume. ☐

8. Dieses giftige Insekt fürchteten schon die ägyptischen Dorfbewohner. ☐

9. Von diesem Tier konnten die Altsteinzeitmenschen alles gebrauchen. ☐

10. An diese griechische Göttin wendeten sich vor allem die Jäger. ☐

11. Ein ägyptischer Gott zeigt sich mit dem Kopf dieses Tieres. ☐

12. Die Erzeugnisse dieser Insekten waren schon bei den Altsteinzeitmenschen begehrt. ☐

13. Dieses weibliche Raubtier spielt in der römischen Sage eine wichtige Rolle. ☐

14. Diese Jungsteinzeitmenschen waren oft mit vielen Tieren unterwegs. ☐

Lösungswort: ☐☐☐☐☐☐☐☐☐☐☐☐

Bevölkerungsexplosion

Im letzten Kapitel des Großabschnittes „Umwelt hat Geschichte" siehst du eine Kurve der Bevölkerungsentwicklung. Der zeitliche Anfang und das Ende sind schon durch Figuren gekennzeichnet.

Die Zeichnerin hat aber noch mehr Figuren ausgewählt und sie nach der Mode der jeweiligen Zeit gekleidet.

Hier siehst du neun Figuren in ungeordneter Reihenfolge. Du sollst darstellen, wie groß die Bevölkerung zu einer bestimmten Zeit gewesen ist.
Dafür ist auf der Rückseite ein Diagramm aufgezeichnet. Die waagerechte Linie gibt die Zeit an, die senkrechte die Höhe der Bevölkerungsentwicklung. Ein Strich bedeutet 250 Millionen Menschen. Kennzeichne durch senkrechte Pfeile die Bevölkerungszahl zum angegebenen Jahr, schneide die Figuren aus und setze sie auf die entsprechende Pfeilspitze.

Hier findest du die ungefähren, z.T. geschätzten Bevölkerungsangaben zu den entsprechenden Epochen und Jahreszahlen:

10 n. Chr.	200 Millionen
800	300 Millionen
1200	400 Millionen
1400	400 Millionen
1650	500 Millionen
1800	1 Milliarde
1900	1,5 Milliarden
1950	2,5 Milliarden
1970	3,8 Milliarden
2000	7 Milliarden (geschätzt)

© Ernst Klett Verlag Stuttgart 1996. Vervielfältigung durch Fotokopie u. a. nur bei vorheriger Zustimmung des Verlages gestattet.

7 Mrd. 6 Mrd. 5 Mrd. 4 Mrd. 3 Mrd. 2 Mrd. 1 Mrd.

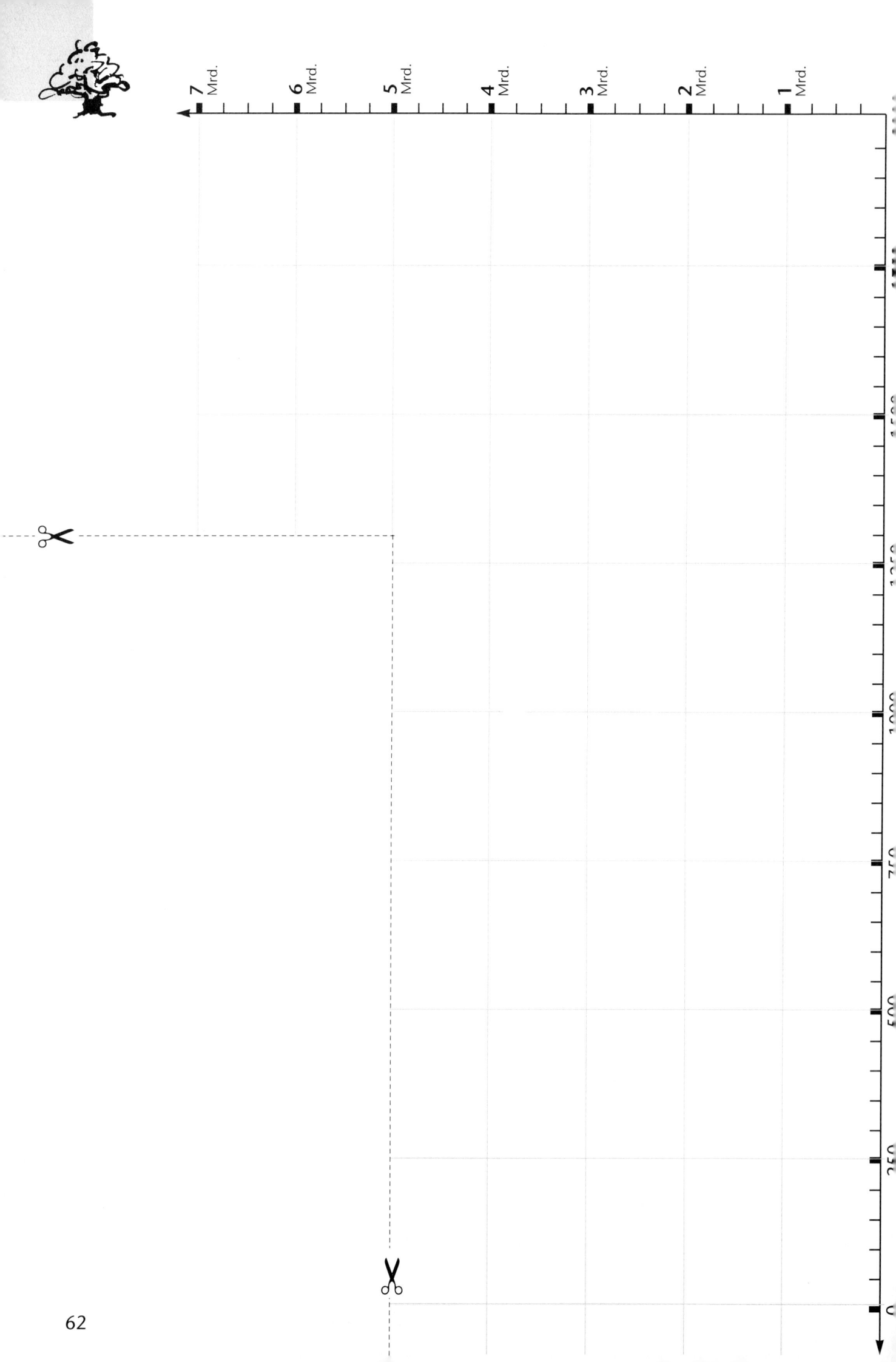

Wie läuft die Zeit?

R Wachtturm am Limes
U Schuhmacherwerkstatt 
O Marc Aurel 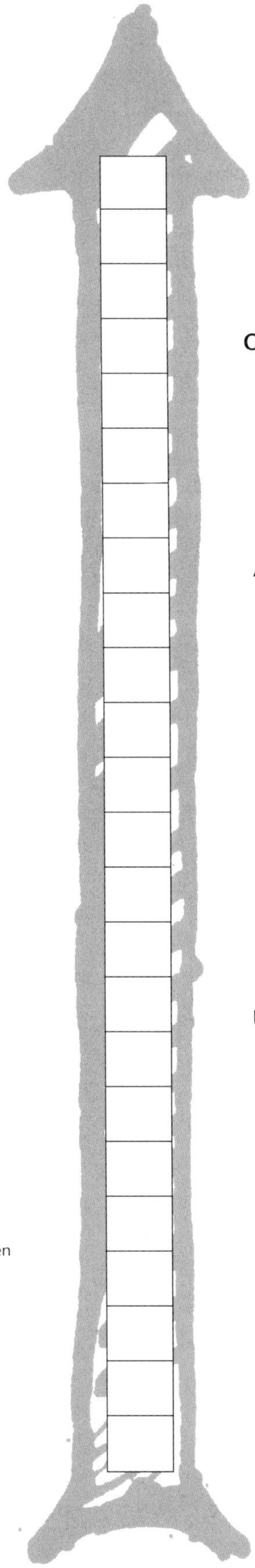 
W Römischer Adliger 
I Frauen beim Wollewirken 
T Soldat aus dem Heer des Marius 
A Laokoongruppe 
E Augustus 
V Röm. Metzger 
E Wölfin ernährt Romulus und Remus 
S Alexandermosaik 
M Atomium in Brüssel 
R Opfernde Pharaonenfamilie 
E Schaduf 
U Pharaonin Hatschepsut 
M Getreideernte im 20. Jh 
N Diskuswerfer 
C Siegel aus Mesopotamien 
R Röm. Silberdenar 
E Rom um 300 n. Chr. (Modell) 
K Dinosaurier 
R Röm. Wagen aus der Kaiserzeit 
Z Griechische Töpfer 
I Waldsterben 

Alles auf unserer Erde ist irgendwann entstanden bzw. entdeckt, erbaut, erfunden, erschaffen, erdacht oder geboren worden. Ordne die Darstellungen in der richtigen zeitlichen Reihenfolge. Jedem Bild ist ein Buchstabe zugeordnet. Trage die Buchstaben in den Pfeil ein. Beginne unten mit dem ältesten Bild, sodass ganz oben der Buchstabe des jüngsten Bildes steht. Wenn du alles richtig einträgst, erhältst du von oben nach unten gelesen den Lösungsspruch. Du kannst auch im Buch nachsehen, dort sind alle Bilder abgebildet.

Herausgeberin: Dr. Erika Richter
Autorinnen und Autoren:
Friedhelm Büchse, Andreas Dambor,
Willi-Günther Haßdenteufel, Dr. Klaus Helbig,
Dr. Eberhard Kulf, Dr. Erika Richter, Jörg Schelle,
Maria Würfel

Einbandgestaltung: Manfred Muraro
Grafische Gestaltung und Illustrationen:
Veronika Richter, Köln
Reinzeichnung der Grafik S. 12:
Rudolf Hungreder, Leinfelden-Echterdingen

Dieses Werk folgt der reformierten Rechtschreibung und Zeichensetzung. Ausnahmen bilden Texte, bei denen künstlerische, philologische oder lizenzrechtliche Gründe einer Änderung entgegenstehen.

Gedruckt auf Papier aus chlorfrei gebleichtem Zellstoff, säurefrei.

1. Auflage   15 4 3 | 2000 99 98 97

Alle Drucke dieser Auflage können im Unterricht nebeneinander benutzt werden, sie sind untereinander unverändert. Die letzte Zahl bezeichnet das Jahr dieses Druckes.
© Ernst Klett Verlag GmbH, Stuttgart 1996.
Alle Rechte vorbehalten.
Redaktion: Bernd Schmidt
Assistenz: Cornelia Ade
Reproduktionen: Steffen Hahn Satz & Repro GmbH, Kornwestheim
Druck: Röck, Weinsberg
ISBN 3-12-410014-X

Bildnachweis

Ägyptisches Museum, Berlin (20.3)
Ägyptisches Museum, Kairo (19)
AKG: Archiv für Kunst und Geschichte, Berlin (49.7, 49.11, 54.9, Herbert Kraft: 7, Werner Forman: 17.1, Erich Lessing: 17.4, 17.8, 24.7, 49.8)
Alinari, Rom (63.13)
Ancient Art & Architecture Collection, London (34.5, 54.5)
Anthony Verlag, Starnberg (Löhr) (17.3, 20.7, 54.2)
Ashmolean Museum, Oxford (48.5, 63.7)
D. Baatz, Bad Homburg (51.12, 56)
Victor R. Boswell, Jr., © National Geographic Society, Washington D.C. (20.9, 51.8)
BPK: Bildarchiv Preußischer Kulturbesitz, Berlin (10.5, 20.1, 20.5, 20.10, 32.2, 33.2, 34.3, 37.1, 38.1, 41.2, 48.3, 48.4, 54.3, 54.6, 54.10, 63.2, 63.9, 63.15, 63.16)
Brandenburgisches Landesmuseum für Ur- und Frühgeschichte, Potsdam (11.4)
British Museum, London (20.2, 20.12, 20.16, 26.3, 37.6)
Bruno Brizzi, Rom (54.16)
H. Burkhardt (34.1, 49.6, 51.3)
Prof. J. Ciganovic, Rom (34.2, 54.4)
Colorphoto Hans Hinz, Allschwil (CH) (6.1, 6.2)
DAI Rom (26.4)
dpa, Stuttgart (20.11, 20.14, 49.17, 54.11, 63.10, 63.21)
Les Editions Albert René/Goscinny-Uderzo (33.1)
Heinrich Eisenhardt GmbH & Co. KG, Northeim (56)
Focus, Hamburg (20.4)
Foto Marburg (24.1–6, 26.5, 27.1)
Großer Historischer Weltatlas, Erster Teil: Vorgeschichte und Altertum, Bayerischer Schulbuch-Verlag, München 1978 (49.4)
Historia, Hamburg (63.12)
Günther Hörenz, Bautzen (11.3)
Landesdenkmalamt Baden-Württemberg, Archäologische Denkmalpflege, Stuttgart (10.2, 10.7)
Lichtbildverlag Dr. Franz Stroedtner, Düsseldorf (51.6)
Limes-Museum, Ulrich Sauerbronn, Aalen (51.11)
Lotos Film, Kaufbeuren (20.8, 63.4)
Mainbild, Ernst Müller (10.1)
Martin-von-Wagner-Museum der Universität Würzburg (Foto: K. Öhrlein) (5, 37.7, 51.5, 54.12)
MCR, Rom (53, 63.23)
Mercedes-Benz Archiv, Stuttgart (2.2, 2.4, 2.5, 2.9)
Anne Millard: DAS WAR GRIECHENLAND © by Ravensburger Buchverlag 1982 (37.4, 37.5)
Anne Millard: DAS WAR ROM © by Ravensburger Buchverlag 1982 (38.6, 38.7, 38.8)
Museo d'Antichitá, Turin (38.3, 44.2, 54.15)
The Nelson-Atkins Museum of Art, Kansas City, Missouri (Purchase: Nelson Trust) (20.6, 51.2)
Nimatallah/Artephot. (21, 37.3)
John Oates, Babylon, Lübbe Verlag, Bergisch Gladbach (63.11)
Opel AG, Rüsselsheim (2.1, 2.3, 2.6, 2.8, 2.10, 2.11, 2.12, 2.13)
Photo J. Bahlo, Römisch-Germanische Kommission, Frankfurt (49.10)
H.L. Pierce Fund Courtesy, Museum of Fine Arts, Boston (49.18)
Rheinisches Landesmuseum, Bonn (51.7)
Rheinisches Landesmuseum, Trier (49.13)
Erika Richter, Meschede (63.24)
Römisch-Germanisches Zentralmuseum, Mainz (38.5, 51.4)
Royal Museums of Art and History, Brüssel/A 890 (37.8)
Sächsische Landesbibliothek/Deutsche Fotothek; Staatliche Kunstsammlungen/Skulpturensammlung, Dresden (63.3)
Scala, Florenz (10.6, 10.12, 17.2, 34.4, 41.1, 47, 49.16, 63.5, 63.14, 63.19, 63.20)
Jörg Schelle, Bad Zwischenahn (27.2, 32.1)
Seigel, Tübingen (48.6)
Albert Shoucair (20.13, 51.10)
Steffens, Budenheim (10.11, 38.9)
Angela Steinmeyer-Schareika, Stuttgart (44.1)
Stiftung AutoMuseum Volkswagen, Wolfsburg (2.7)
Terra Dia Dienst (K.-H. Jürgens) (63.22)
Lloyd K. Townsend, © National Geographic Society, Washington D.C. (10.8)
J. Warry, Kriegskunst der Griechen und Römer, Salamander Books, London (38.2, 44.1, 51.1, 63.8)
Westfälisches Museum für Archäologie, Münster (54.1)
WMG Lippe, Detmold (38.4)
Württembergisches Landesmuseum, Stuttgart (17.5, 49.5, 57, 63.17)

Nicht in allen Fällen war es uns möglich, den Rechteinhaber der Abbildungen ausfindig zu machen. Berechtigte Ansprüche werden selbstverständlich im Rahmen der üblichen Vereinbarungen abgegolten.